Scuola d'italiano • Manuali pratici per stranieri

Parlo italiano

a cura di
Carmen Lizzadro - Elvira Marinelli - Annalisa Peloso

GIUNTI DEMETRA

Collana a cura di Maria Cristina Peccianti

Test per la verifica della conoscenza della lingua italiana, aggiornamento, revisione e curatela del volume
Maria Cristina Peccianti

Progetto grafico
Ilaria Stradiotti

Impaginazione
Adriano Nardi

Redazione
Alessandra Pelagotti

Disegni
Laura Toffaletti

www.giunti.it

© 2002, 2013 Giunti Editore S.p.A.
Via Bolognese 165 - 50139 Firenze - Italia
Piazza Virgilio 4 - 20123 Milano - Italia
Prima edizione: 2002
Nuova edizione: aprile 2013

Ristampa	Anno
7 6 5 4 3	2019 2018 2017 2016 2015

Stampato presso Giunti Industrie Grafiche S.p.A. - Stabilimento di Prato

Introduzione

A chi è rivolto il manuale
Questo manuale è rivolto ai cittadini stranieri in Italia, che conoscono la lingua italiana a livello di principianti.

Quale metodo usa
Parte dall'uso concreto della lingua nelle situazioni e negli ambienti più significativi della vita quotidiana e propone l'apprendimento delle strutture e delle parole fondamentali dell'italiano standard, necessarie a una comunicazione fruizionale.

Che cosa contiene
Il testo è diviso in dieci unità, relative ad altrettanti temi, riguardanti l'organizzazione della vita quotidiana in Italia.

Ogni unità comprende:
- *un'ampia proposta di parole e frasi, in gran parte illustrate per facilitare la comprensione e la memorizzazione;*
- *numerosi dialoghi situazionali, introdotti da vignette esplicative;*
- *tabelle con strutture grammaticali;*
- *semplici esercizi, per riconoscere, fissare e usare le parole e le strutture linguistiche;*
- *strutture comunicative di uso frequente.*

Il testo è corredato da un'appendice con le tavole con la coniugazione dei verbi ausiliari, dei verbi regolari e dei principali verbi irregolari e le chiavi per l'autocorrezione degli esercizi.

In appendice è proposto inoltre un test, conforme al modello previsto dal Ministero per la verifica della conoscenza della lingua italiana da parte di cittadini stranieri che richiedono il permesso di soggiorno C e di lungo periodo (DL 4 giugno 2010).
Il test è uno strumento prezioso sia per verificare le proprie conoscenze sia per esercitarsi per sostenere l'esame.

SOMMARIO

UNITÀ 1: PRESENTARSI   pag. 8

SITUAZIONI	CONTENUTI GRAMMATICALI	CONTENUTI LESSICALI
• Io mi chiamo... • Salutare • Incontrarsi	• Indicativo presente di essere, avere, chiamarsi, venire • Forme interrogative • Possessivi	• Il passaporto • La nazionalità • La carta d'identità • L'aspetto fisico • La famiglia • I nomi di parentela • I numeri

UNITÀ 2: IL LAVORO   pag. 20

SITUAZIONI	CONTENUTI GRAMMATICALI	CONTENUTI LESSICALI
• Gli ambienti di lavoro • Tipi di lavoro • Parlare di lavoro • Cercare lavoro	• Indicativo presente di fare • La frase negativa • Indicativo presente	• Il cantiere • La fabbrica • Il ristorante • L'ufficio • Mestieri • Il calendario • Il lavoro in regola

UNITÀ 3: LA SALUTE   pag. 32

SITUAZIONI	CONTENUTI GRAMMATICALI	CONTENUTI LESSICALI
• Prenotare una visita • I sintomi di una malattia • In farmacia • Al pronto soccorso • Gli specialisti	• Indicativo passato prossimo • Participio passato dei verbi irregolari • Articolo determinativo	• Il servizio sanitario in Italia • Le parti del corpo • Prodotti per curarsi • Prodotti per l'igiene personale • Tipi di farmaci • Il pronto soccorso • La gravidanza

SOMMARIO

UNITÀ 4: LA CASA — pag. 44

SITUAZIONI
- All'agenzia immobiliare
- Chiedere informazioni al telefono
- La casa in affitto
- Chiamare un tecnico

CONTENUTI GRAMMATICALI
- Condizionale presente di essere, avere, verbi servili, verbi regolari, verbi irregolari
- Articolo indeterminativo

CONTENUTI LESSICALI
- La casa: interno ed esterno
- Gli annunci economici
- Tipi di casa
- Il trasloco
- La manutenzione della casa
- L'arredamento della casa

UNITÀ 5: I TRASPORTI — pag. 56

SITUAZIONI
- Chiedere e dare indicazioni stradali
- Prendere l'autobus
- Sull'autobus
- Alla biglietteria della stazione
- In treno
- La circolazione in bicicletta
- Al distributore di benzina
- Dal meccanico
- Prenotare un viaggio in aereo
- All'aeroporto

CONTENUTI GRAMMATICALI
- Indicativo futuro semplice di essere, avere, verbi regolari e irregolari
- Avverbi di luogo
- Preposizioni di luogo improprie e composte
- Indicativo presente con valore di futuro
- Stare per...

CONTENUTI LESSICALI
- La strada
- Che ora è?
- La stazione ferroviaria
- L'orario ferroviario
- La bicicletta
- La macchina
- I documenti dell'automobilista

UNITÀ 6: I SERVIZI — pag. 74

SITUAZIONI
- All'ufficio postale
- In banca
- In tabaccheria
- A scuola
- Dal giornalaio
- All'anagrafe
- In questura
- Pagare i servizi

CONTENUTI GRAMMATICALI
- Imperativo di essere, avere, verbi regolari e irregolari
- Pronomi personali diretti
- Forma negativa dell'imperativo
- Preposizioni semplici
- Preposizioni articolate

CONTENUTI LESSICALI
- L'ufficio postale
- La banca
- La tabaccheria
- La scuola
- I certificati anagrafici

5

Unità 7: GLI ACQUISTI — pag. 88

Situazioni	Contenuti grammaticali	Contenuti lessicali
• In un negozio di abbigliamento • Modalità di pagamento • In un negozio di tessuti • In merceria • Dal ferramenta • All'autosalone	• Aggettivi dimostrativi • Indicativo presente e imperativo dei verbi in -isc-o • Articolo partitivo	• Dove si fanno acquisti • I capi di abbigliamento • Le banconote e le monete • I numeri dal 100 in poi • Le calzature • Unità di misura lineare • In merceria • Dal ferramenta • All'autosalone • I colori • I contenitori

Unità 8: L'ALIMENTAZIONE — pag. 100

Situazioni	Contenuti grammaticali	Contenuti lessicali
• Dal salumiere • Dal fruttivendolo • Al ristorante	• Avverbi di tempo • Uso di fra e fa • Indicativo imperfetto	• I pasti tradizionali della famiglia italiana • Gli alimenti • Negozi e negozianti • In cucina: gli utensili e la tavola apparecchiata • Misurare la quantità di cibi e bevande

Unità 9: I MEDIA — pag. 112

Situazioni	Contenuti grammaticali	Contenuti lessicali
• Davanti al televisore • Lo sport più amato dagli italiani • Serata in casa • Ascoltare la radio • Registrare e trasmettere • Leggere il giornale • Usi il computer? • Al telefono	• Congiuntivo presente di essere e avere • Congiuntivo imperfetto di essere e avere • Pronomi personali indiretti • Pronomi personali accoppiati	• La televisione e la radio • Il giornale • Il telefono • Il computer • Lo sport in TV • Registrare e trasmettere

Unità 10: Divertirsi pag. 124

Situazioni
- Come occupi il tuo tempo?
- Cosa fai nel tempo libero?
- Andare al cinema
- In libreria
- In piscina
- Allo stadio
- Una vacanza al mare
- In visita a una città
- Festa di compleanno

Contenuti grammaticali
- Indicativo presente e passato prossimo dei verbi riflessivi e pronominali
- Aggettivi qualificativi di grado positivo
- Aggettivi qualificativi di grado comparativo e superlativo
- Forme particolari di comparativo e superlativo
- Comparativo e superlativo degli avverbi

Contenuti lessicali
- La sala cinematografica
- La lettura
- Il libro
- È qui la festa?
- Frasi augurali

Appendici pag. 136

- Coniugazione dei verbi ausiliari
- Coniugazione attiva dei verbi regolari
- Coniugazione attiva dei principali verbi irregolari

- Test di verifica conforme al modello ministeriale (DL 4 giugno 2010)

- Chiavi degli esercizi

SOMMARIO

Unità 1: Presentarsi

IO MI CHIAMO...

✔ Io mi chiamo Mariasol e ho quarantasette anni.

✔ Tu sei Albert.

✔ Lui è Juan e viene da Madrid. Lei si chiama Carmen.

✔ Voi venite dal Ghana?

✔ Noi ci chiamiamo Pierre e Marie e siamo marito e moglie.

✔ Loro sono Jamila e Abdullah. Il bambino si chiama Omar.

SALUTARE

✔ Ciao!

✔ Buongiorno!

✔ Buona giornata!

✔ Buonasera!

✔ Buona serata!

✔ Buonanotte!

✔ Salve!

✔ Ciao, ci vediamo!

✔ Arrivederci a presto!

✔ Arrivederci.

IL PASSAPORTO

Si dice

- ✓ Avere il passaporto valido.
- ✓ Avere il passaporto scaduto.
- ✓ Fare richiesta di passaporto.
- ✓ Rinnovare il passaporto.

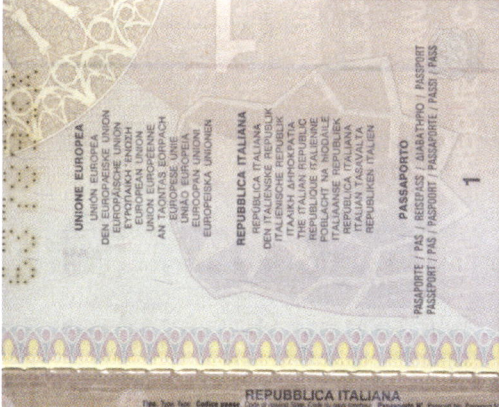

cognome
nome
cittadinanza
data di nascita
luogo di nascita

PRESENTARSI 1

1 PRESENTARSI

INCONTRARSI

🙂 Dialogo n. 1

▲ Buongiorno, come si chiama?
▼ Mi chiamo Mariasol Fernandez.
▲ Da dove viene?
▼ Sono argentina.
  Vengo da Buenos Aires.
▲ Da quanto tempo è in Italia?
▼ Sono in Italia da quindici anni.

BUONGIORNO, COME SI CHIAMA?
UFFICIO COLLOC...

🙂 Dialogo n. 2

▲ Qual è il suo nome?
▼ Il mio nome è Mariasol.
▲ E il cognome?
▼ Fernandez.
▲ Quando è nata?
▼ Sono nata il 16 agosto 1956.
  Ho quarantasette anni.

✏ 1 - Completa

Nome	Cognome	Data di nascita	Cittadinanza
Mariasol			

Indicativo presente						
Essere			Avere		
io	sono	qui	io	ho	un buon lavoro
tu	sei	Marco	tu	hai	fretta
lui/lei	è	in casa	lui/lei	ha	sete
noi	siamo	stanchi	noi	abbiamo	due figli
voi	siete	francesi	voi	avete	una bella casa
loro	sono	marito e moglie	loro	hanno	la macchina

😊 Dialogo n. 3

▲ Ciao, come ti chiami?
▼ Mariasol.
▲ Bel nome! Quanti anni hai?
▼ Quarantasette.
▲ E dove abiti?
▼ Abito a Verona, in via Colombo.

😊 Dialogo n. 4

▲ Sei sposata?
▼ Sì, da quindici anni.
▲ Hai figli?
▼ Sì, due: un maschio e una femmina.
▲ Che lavoro fai?
▼ Faccio la cuoca in un ristorante.

CIAO, COME TI CHIAMI?

✎ 2 - Completa

Residenza	Sesso	N° figli	Lavoro
Verona, via Colombo	F (femminile)		

Indicativo presente					
Chiamarsi			Venire		
io	mi chiamo	Ahmed	io	vengo	da Roma
tu	ti chiami	Maria?	tu	vieni	in treno
lui/lei	si chiama	Guo Shuang	lui/lei	viene	domani
noi	ci chiamiamo	Ada e Ivo	noi	veniamo	da te
voi	vi chiamate	Ugo e Lia?	voi	venite	a casa
loro	si chiamano	Ivonne e Lise	loro	vengono	con te

LA NAZIONALITÀ

Provenienza / Luogo di nascita	Nazionalità
Italia	italiano/a
Inghilterra	inglese
Francia	francese
Spagna	spagnolo/a
Albania	albanese
Romania	rumeno/a
Marocco	marocchino/a
Senegal	senegalese
Tunisia	tunisino/a
Cina	cinese
India	indiano/a
Brasile	brasiliano/a
Argentina	argentino/a
Kosovo	kosovaro/a
Croazia	croato/a
Sri Lanka	singalese/cingalese

Attenzione

	Singolare	Plurale
Maschile	Pietro è italian**o** Moar è singales**e**	Pietro e Luca sono italian**i** Moar e Bai sono singales**i**
Femminile	Anna è italian**a** Diye è senegales**e**	Anna e Maria sono italian**e** Diye e Fatima sono senegales**i**

3 - Completa

1 - Vengo dal Marocco. → *Sono marocchino/a.*
2 - Veniamo dall'India. → Siamo ....
3 - Maria viene dal Brasile. → È ....
4 - Tu vieni dal Kosovo. → Sei ....
5 - Chang viene dalla Cina. → È ....
6 - Juan viene dall'Argentina. → È ....
7 - Venite dall'Albania. → Siete ....

LA CARTA D'IDENTITÀ

FORME INTERROGATIVE
CHE, CHI, DOVE, QUANDO, QUANTO

Come ti chiami?   **Che** lavoro fai?
Quando è nata Mariasol Fernandez?   **Quanti** figli hai?
Dove abitano Maria e Luisa?   **Quanto** sei alto/a?
Da **dove** venite?   **Chi** viene stasera?

✎ 4 - RISPONDI

1 - Come ti chiami? ....
2 - Quando sei nato/a? ....
3 - Quanti anni hai? ....
4 - Da dove vieni? ....
5 - Quando sei arrivato in Italia? ....
6 - Dove abiti? ....
7 - Che lavoro fai? ....

1 PRESENTARSI

L'ASPETTO FISICO

Gli occhi

Ho gli occhi — azzurri / castani / neri / verdi

grandi / piccoli / a mandorla

I capelli

Ho i capelli — biondi / neri / castani / rossi

lunghi / corti / lisci / ricci / mossi

CHE BEL BAMBINO!

😊 Dialogo n. 5

▲ Che bel bambino!
▼ Ha gli occhi azzurri come sua nonna e i capelli ricci come suo padre.
▲ Quanto ha?
▼ Sei mesi.
▲ Come si chiama?
▼ Kwaku come suo nonno.

✏ 5 - Completa

(sei, azzurri, bambino, padre, capelli)

Kwaku è un bel .... Ha gli occhi .... come sua nonna

e i .... ricci come suo .... Ha .... mesi.

La corporatura e il peso

✔ Pierre è grasso: pesa ottanta chili.
✔ Susanne è magra: pesa cinquanta chili.

La statura

✔ Sono alto un metro e settanta (1,70).
✔ La mia statura è di un metro e settanta centimetri.

Il colore della pelle

✔ Ahmed è di pelle scura.
✔ Davor ha la pelle chiara.

😊 Dialogo n. 6

▲ Come sei grassa!
▼ È vero, per la mia statura peso troppo.
▲ Quanto sei alta?
▼ Un metro e sessanta.
▲ E quanto pesi?
▼ Settanta chili e tu invece?
▲ Io sono a dieta e peso solo cinquantacinque chili.

6 - Collega

1 - Ho i capelli lisci.
2 - È alto di statura.
3 - Ha la pelle chiara.
4 - Io sono magro.
5 - Porto i capelli lunghi.
6 - Ho gli occhi grandi.

a - È basso di statura.
b - Io sono grasso.
c - Ho i capelli ricci.
d - Ha la pelle scura.
e - Ho gli occhi piccoli.
f - Porto i capelli corti.

LA FAMIGLIA

✎ 7 - COMPLETA

(tre, fratelli, Elena, Luca, Maria, Riccardo, Stefania, ha)

Paolo ha .... figli: Luca, ... e ....

Riccardo ed .... hanno due figli : Carlo e ....

Maria .... due .... : .... e Riccardo.

I NOMI DI PARENTELA

 Giulio è il **padre** di Filippo e Anna.

MASCHILE	FEMMINILE
padre	madre
marito	moglie
fratello	sorella
genero	nuora

 Paolo è il **marito** di Francesca.

 Luca è il **figlio** di Paolo e Francesca.

 Stefania è la **sorella** di Carlo.

Paolo e Francesca sono i **nonni** di Filippo

 Maria è la **moglie** di Giulio.

 Anna è la **nipote** di Paolo e Francesca.

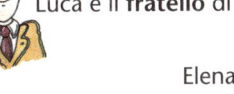 Luca è il **fratello** di Riccardo.

Elena è la **zia** di Filippo

Stefania e Carlo sono i **nipoti** di Luca.

 Filippo e Anna sono i **cugini** di Stefania e Carlo.

Paolo e Francesca sono i **suoceri** di Elena

Elena e Maria sono **cognate**.

 Elena è la **nuora** di Paolo e Francesca

 Giulio è il **genero** di Paolo e Francesca.

 Elena è la **madre** di Stefania e Carlo.

POSSESSIVI

SINGOLARE		PLURALE	
MASCHILE	FEMMINILE	MASCHILE	FEMMINILE
mio	mia	miei	mie
tuo	tua	tuoi	tue
suo	sua	suoi	sue
nostro	nostra	nostri	nostre
vostro	vostra	vostri	vostre
loro	loro	loro	loro

Attenzione

il mio bambino	**i** miei bambini	mio figlio	**i** miei figli
il tuo lavoro	**i** tuoi lavori	tuo fratello	**i** tuoi fratelli
la nostra casa	**le** nostre case	sua zia	**le** sue zie
la sua insegnante	**le** sue insegnanti	nostra madre	**le** nostre madri
il vostro cane	**i** vostri cani	vostra cugina	**le** vostre cugine
il loro paese	**i** loro paesi	**la** loro moglie	**le** loro mogli

8 - COMPLETA

(tuo, suoi, suo, loro, mio, sua, mia)

1 - Questo è Luca. Paolo e Francesca sono i .... genitori.
2 - Stefania va al cinema con .... fratello Carlo.
3 - Maria: «Giulio è .... marito».
4 - Riccardo e Elena hanno una figlia. La .... figlia si chiama Stefania.
5 - «Paolo, è in casa .... figlio Luca?»
6 - Francesca: «............... figlia si chiama Maria».
7 - Anna gioca spesso con .... cugina Stefania.

9 - CAMBIA

Cambia da singolare a plurale. Segui l'esempio.

1 - Il mio libro	→	*I miei libri*
2 - Tuo fratello	→	....
3 - Sua figlia	→	....
4 - Nostro zio	→	....
5 - Il loro insegnante	→	....

I NUMERI FINO A 99

0 zero	10 dieci	20 venti	30 trenta
1 uno	11 undici	21 ventuno	40 quaranta
2 due	12 dodici	22 ventidue	50 cinquanta
3 tre	13 tredici	23 ventitré	60 sessanta
4 quattro	14 quattordici	24 ventiquattro	70 settanta
5 cinque	15 quindici	25 venticinque	80 ottanta
6 sei	16 sedici	26 ventisei	90 novanta
7 sette	17 diciassette	27 ventisette	91 novantuno
8 otto	18 diciotto	28 ventotto	....
9 nove	19 diciannove	29 ventinove	99 novantanove

10 - TRASFORMA

	In lettere		In cifre		In lettere		In cifre
a -	Quarantuno	→	41	g -	Quindici	→	....
b -	....	→	25	h -	....	→	12
c -	....	→	18	i -	....	→	88
d -	Trentatré	→	....	l -	Novantuno	→	....
e -	Cinquantotto	→	....	m -	....	→	48
f -	....	→	23	n -	....	→	16

I NUMERI NELL'USO

✔ Sono nato il 2 agosto 1968.
✔ Sono nato il 2-8-1968.

✔ Oggi è il 14 aprile 2013.
✔ Oggi è il 14-4-2013.

✔ Abito in via Roma al n. 42.

✔ Mario Bianchi
piazza Rossini, 13 - 37125 Verona

✔ Prendo l'autobus n. 22.

✔ Il numero di telefono del medico è 0458814135.

✔ Il numero del mio cellulare è 336784512.

✔ Il mio numero di scarpe è il 38.

✔ Porto la taglia 50.

Unità 2: Il Lavoro

GLI AMBIENTI DI LAVORO

Il cantiere

La fabbrica

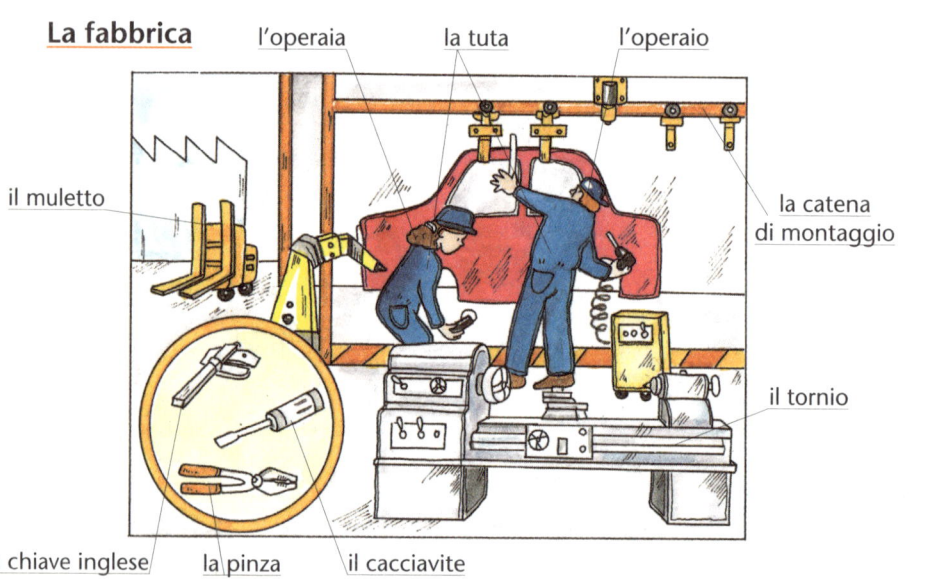

Il ristorante

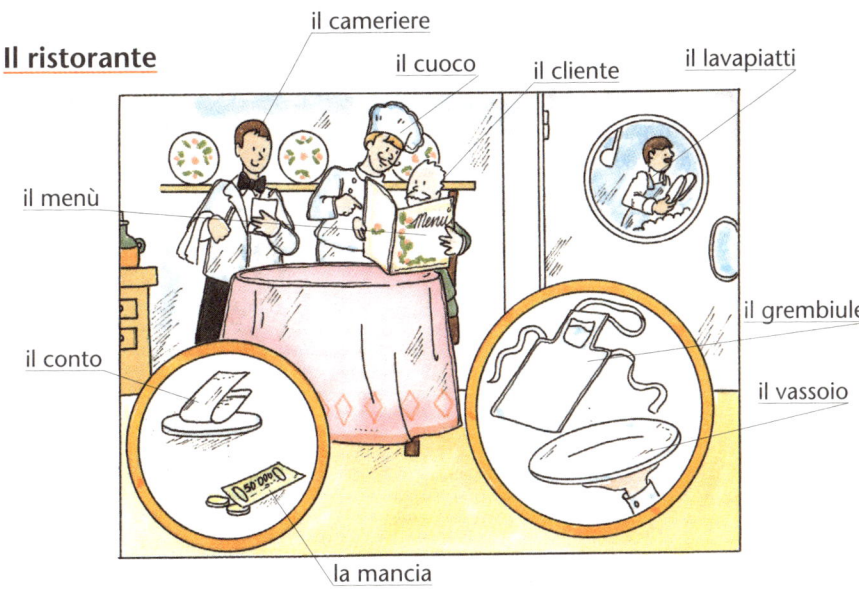

L'ufficio

TIPI DI LAVORO

☺ **DIALOGO N. 1**

▲ Che lavoro fai?
▼ Faccio il muratore.
▲ E tuo fratello che lavoro fa?
▼ Lui fa il cuoco.

il cuoco

il muratore

☺ **DIALOGO N. 2**

▲ Dove lavorano Fatima e Nourredine?
▼ Fatima lavora in un bar. Fa la cameriera.
  Nourredine non lavora.
▲ E tu cosa fai?
▼ Io faccio l'operaio e ho il turno di notte.

il barista

l'elettricista

la sarta

la parrucchiera

INDICATIVO PRESENTE - FARE		
io	faccio	il muratore
tu	fai	tardi
lui/lei	fa	il turno di notte
noi	facciamo	un viaggio
voi	fate	il biglietto
loro	fanno	la spesa

la commessa

la colf
la donna di servizio

✎ **1 - COMPLETA**

(muratore, sono, lavoro, mi chiamo, cantiere, vengo)

«Buongiorno. Come si chiama? Che lavoro fa? Dove lavora?»
«Buongiorno. .... Moshin Zulfikar. Faccio il .... e
.... a Modena in un ....»
«Da dove viene? È qui con la sua famiglia?»
«............... dall'India e .... in Italia con mia moglie e i miei due figli.»

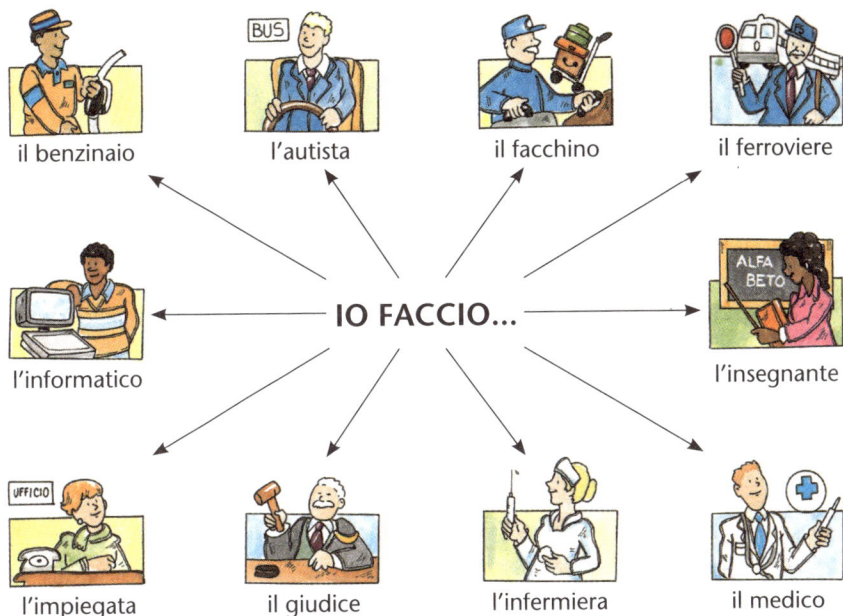

DIALOGO N. 3

▲ Sei un'impiegata?
▼ No. Faccio la commessa in un negozio di abbigliamento.
▲ Dove lavori?
▼ Lavoro in centro, in via Mazzini, da Tarmani.
▲ Anche mia sorella lavora lì.
▼ Davvero? Come si chiama?
▲ Lucia. Lucia Giacometti. La conosci?
▼ Sì, certo. È molto simpatica.

2 - COLLEGA

Dove lavorano?

1 - Il medico ☐
2 - Il muratore ☐
3 - La parrucchiera ☐
4 - Il ferroviere ☐
5 - La commessa ☐
6 - Il contadino ☐

E - in un negozio di parrucchiere

B - in un negozio di abbigliamento

C - in un ospedale

F - in campagna

D - in un cantiere

A - su un treno

IL CALENDARIO

I giorni della settimana

lunedì
martedì
mercoledì
giovedì
venerdì
sabato
domenica

Si dice
- **Lunedì, martedì, mercoledì** lavoro tutto il giorno.
- **Giovedì** lavoro solo la mattina, dalle 8 alle 13.
- **Venerdì** faccio il turno di notte.
- **Sabato** lavoro il pomeriggio, dalle 14 alle 19.
- **Domenica** è festa!

I mesi

gennaio   luglio
febbraio   agosto
marzo   settembre
aprile   ottobre
maggio   novembre
giugno   dicembre

Si dice
- Lavoro in ospedale da **gennaio**.
- Faccio le ferie in **giugno**.
- A **marzo** inizio un nuovo lavoro.
- Il ristorante chiude nel mese di **novembre**.
- In **agosto** il negozio è aperto fino alle 13.

Le stagioni

la primavera   l'estate   l'autunno   l'inverno

Si dice
- In **autunno** andiamo in Marocco.
- La scuola comincia alla fine dell'**estate**.
- L'**inverno** prossimo vado a sciare.
- Nelle domeniche di **primavera** faccio lunghe passeggiate.

L'anno   Il secolo

Si dice
- È iniziato l'**anno** 2013.
- Il 1999 è stato l'ultimo **anno** del ventesimo **secolo**.
- Quest'**anno** faccio una vacanza al mare.
- L'**anno** scorso sono partito da Lima.
- L'**anno** prossimo compio vent'anni.

Il giorno

☺ **DIALOGO N. 4**

▲ Che giorno è oggi?
▼ È il 15 aprile.
▲ Sì, ma che giorno della settimana?
▼ È giovedì.
▲ E giovedì prossimo che giorno è?
▼ È il 22 aprile.

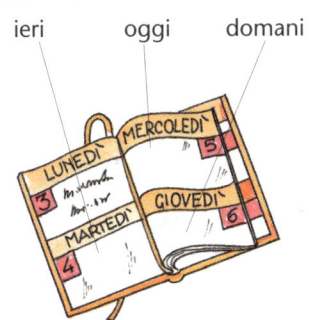

ieri   oggi   domani

Le parti del giorno

la mattina   il pomeriggio   la sera   la notte

I giorni e il lavoro

i giorni lavorativi   i giorni festivi   i giorni di ferie
   le vacanze

✎ **3 - ORDINA E RISCRIVI**

1 - le faccio nel ferie agosto di mese.   *Faccio le ferie nel mese di agosto.*
2 - dalle lavoro ogni otto giorno sedici alle. ....
3 - la l' è mia autunno preferita stagione. ....
4 - in vado in a primavera lavorare bicicletta. ....
5 - Milano molto a inverno l' freddo è. ....

IL LAVORO — 2

PARLARE DI LAVORO

😊 DIALOGO N. 5

▲ Lunedì vengo al lavoro più tardi.
▼ Perché, Paul?
▲ Perché domenica viene mia madre dalla Francia e faccio una grande festa.
▼ Come si chiama tua madre?
▲ Si chiama Claude.
▼ E cosa fa in Francia?
▲ La casalinga.

😊 DIALOGO N. 6

▲ Domani non vengo al lavoro. Torno giovedì prossimo.
▼ Perché, signor Cordioli? Va via?
▲ No, è il giorno libero di mia moglie e arrivano i nostri amici dalla Romania.
▼ Sono qui in vacanza o per lavoro?
▲ Sono in Italia in ferie per tutto il mese di luglio.
▼ Che lavoro fanno?
▲ Sono impiegati tutti e due.

✏ 4 - SCEGLI

1 - Quando viene la madre di Paul?
    a - Più tardi.
    b - *Domenica.*
    c - Lunedì.

2 - Quando torna al lavoro il signor Cordioli?
    a - Giovedì prossimo.
    b - Tra una settimana.
    c - Domani.

3 - Domani la moglie del signor Cordioli lavora?
    a - Sì.
    b - No.

4 - Quando arrivano gli amici del signor Cordioli?
    a - Domani.
    b - Nel mese di luglio.
    c - Oggi.

DIALOGO N. 7

▲ Oggi non faccio niente. Sono in ferie.
▼ Ma non fai nemmeno la spesa?
▲ Perché non la fai tu?
▼ Io lavoro! Non ho tempo.
▲ Non fai mai niente quando sei a casa.
▼ Non è vero! Io lavoro molto a casa e in ufficio.

DIALOGO N. 8

▲ John non arriva mai puntuale al lavoro.
▼ Sì, ma viene da lontano.
   Viene con il treno.
▲ Non è vero! Ha l'automobile.
▼ Allora non dice la verità.
▲ Io invece non sono mai in ritardo.
▼ Nemmeno io.

LA FRASE NEGATIVA

io	**non**	sono	**mai**	in ritardo
tu	**non**	fai	**neppure**	la spesa
lui/lei	**non**	dice		la verità
noi	**non**	abbiamo	**nemmeno**	un po' di soldi
voi	**non**	potete	**neanche**	lavorare
loro	**non**	lavorano		da soli

5 - TRASFORMA

1 - Io lavoro. → *Io non lavoro.*
2 - Zara telefona. → ....
3 - Oggi piove. → ....
4 - Io posso riposare. → *Io non posso neanche riposare.*
5 - Zara vuole telefonare. → ....
6 - Lin Pu deve parlare. → ....
7 - Tu hai tempo. → *Tu non hai mai tempo.*
8 - Franz è puntuale. → ....
9 - Ahmed porta l'orologio. → ....

CERCARE LAVORO

😊 Dialogo n. 9

▲ Vieni con me all'Ufficio di Collocamento?
▼ No, non posso. Devo andare al lavoro proprio adesso.
▲ Mi accompagni domani?
▼ Non puoi andare da solo?
▲ Non voglio andare da solo.
Mi devi aiutare a compilare i moduli.
▼ Va bene, vengo domani.
Ma devi imparare!

😊 Dialogo n. 10

▲ Buonasera. Sono qui per un lavoro.
▼ Ha una qualifica?
▲ Sì. Sono un saldatore specializzato.
▼ Bene, posso assumerla con i nuovi contratti sindacali.
▲ Quando devo venire?
▼ Lunedì prossimo, alle otto. Mi raccomando la puntualità.

Indicativo presente - Verbi servili

	Volere	
io	**voglio**	lavorare in Italia
tu	**vuoi**	studiare
lui/lei	**vuole**	andare allo stadio
noi	**vogliamo**	imparare l'italiano
voi	**volete**	bere un caffè
loro	**vogliono**	fare una passeggiata

	Potere	
io	**posso**	fermarmi da te
tu	**puoi**	telefonarmi domani
lui/lei	**può**	parlare italiano
noi	**possiamo**	uscire con voi
voi	**potete**	prendere l'aereo
loro	**possono**	stare tranquilli

	Dovere	
io	**devo**	pagare le tasse
tu	**devi**	avere pazienza
lui/lei	**deve**	aspettare il suo turno
noi	**dobbiamo**	affrettarci
voi	**dovete**	comprare una casa
loro	**devono**	andare dal medico

☺ **DIALOGO N. 11**

▲ Buongiorno. Cosa desidera?
▼ Lei cerca un impiegato, vero?
▲ Sì, è vero. Lei vuole fare questo lavoro?
▼ Sì. Ho il diploma di ragioniere.
▲ Ha esperienza in questo campo?
▼ No, ma ho molta buona volontà.

☺ **DIALOGO N. 12**

▲ Ciao, Adam. Devi fare il libretto di lavoro?
▼ Sì. Dalla settimana prossima lavoro al bar di via Mameli.
▲ Davvero? Com'è lo stipendio?
▼ Buono. Ma devo fare i turni: una settimana di mattina e una settimana di pomeriggio.
▲ Auguri allora, e buona fortuna!
▼ Anche a te.

6 - CONIUGA

1 - Domani (io, potere) *posso* pagare l'affitto.
2 - Giacomo non (volere) .... studiare le lingue.
3 - Joyce non (dovere) .... preoccuparsi per l'esame.
4 - Noi (volere) .... venire a casa tua.
5 - Se (tu, potere) .... mi fai un piacere?
6 - Non (voi, potere) .... fumare qui!

7 - SCEGLI

1 - Cosa fai domani?
a - Voglio andare al cinema.
b - Mi chiamo Alì.
c - Vengo dall'Egitto.

2 - Oggi sei libero?
a - Non voglio il caffè.
b - Ho ventitré anni.
c - No, devo lavorare tutto il giorno.

3 - Dove ci incontriamo?
a - Ho tre sorelle.
b - Puoi venire a casa mia.
c - Puoi venire in agosto.

IL LAVORO

INDICATIVO PRESENTE

1ª coniugazione LAVOR-ARE

io	lavor-**o**	volentieri
tu	lavor-**i**	tutta la settimana
lui/lei	lavor-**a**	anche il sabato
noi	lavor-**iamo**	in inverno
voi	lavor-**ate**	troppo
loro	lavor-**ano**	poco

2ª coniugazione PERD-ERE

io	perd-**o**	il posto di lavoro
tu	perd-**i**	il treno
lui/lei	perd-**e**	tempo inutilmente
noi	perd-**iamo**	la scommessa
voi	perd-**ete**	i documenti
loro	perd-**ono**	la testa

3ª coniugazione PART-IRE

io	part-**o**	l'estate prossima
tu	part-**i**	con il treno
lui/lei	part-**e**	per le ferie
noi	part-**iamo**	tutti insieme
voi	part-**ite**	in agosto
loro	part-**ono**	per Milano

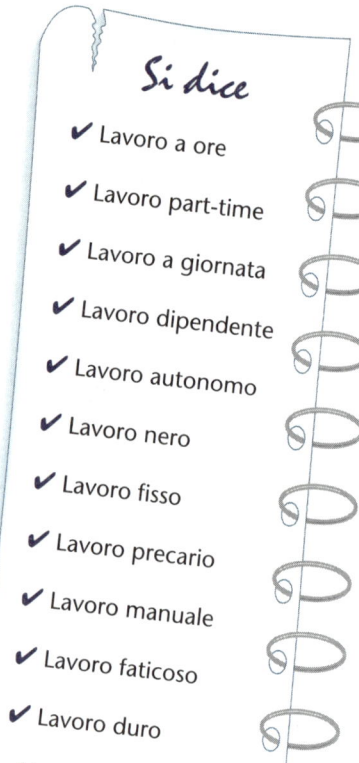

Si dice
✔ Lavoro a ore
✔ Lavoro part-time
✔ Lavoro a giornata
✔ Lavoro dipendente
✔ Lavoro autonomo
✔ Lavoro nero
✔ Lavoro fisso
✔ Lavoro precario
✔ Lavoro manuale
✔ Lavoro faticoso
✔ Lavoro duro
✔ Lavoro impegnativo

✏ 8 - CONIUGA

Hafid (cercare) *cerca* lavoro. In estate (lavorare) .... come cameriere in una pizzeria. Hafid (avere) .... venticinque anni ed (essere) .... un cameriere molto bravo. (Essere) .... sempre puntuale, veloce e gentile con i clienti. Quest'anno però la pizzeria (essere) .... chiusa perché il proprietario (dovere) .... ristrutturare il locale. Hafid (chiedere) .... aiuto all'amico Omar.
Hafid: «Omar, dove (io, potere) .... trovare lavoro come cameriere?».
Omar: «(io, potere) .... presentarti al signor Fedelini. Lui (essere) .... il proprietario di un bar. Forse lui (potere) .... assumerti».
Hafid: «Grazie. (tu, essere) .... un vero amico!».

IL LAVORO IN REGOLA

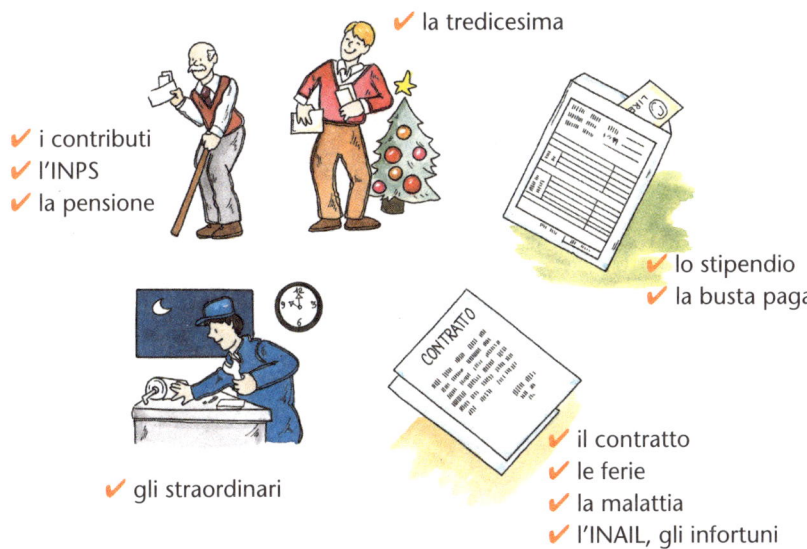

- i contributi
- l'INPS
- la pensione
- la tredicesima
- lo stipendio
- la busta paga
- gli straordinari
- il contratto
- le ferie
- la malattia
- l'INAIL, gli infortuni

9 - COMPLETA

(*straordinari, stipendio, busta paga, oggi*)

.... è un bel giorno per Paul. Ritira la sua prima ....
Lo .... non è alto, ma questo mese ci sono più soldi perché Paul ha fatto molti ....».

10 - VERO O FALSO?

«Ciao, Frank. Come va? Sei stanco?»
«No, non sono stanco. Questo non è un lavoro faticoso. Non faccio i turni e smetto di lavorare ogni giorno alle cinque del pomeriggio. Ho un contratto regolare e quindi i contributi per la pensione, le ferie pagate e la tredicesima».

1 - Frank fa un lavoro faticoso.	V	F
2 - Quando va in ferie non è pagato.	V	F
3 - Ha i contributi per la pensione.	V	F
4 - Frank si lamenta.	V	F
5 - Il contratto di Frank è regolare.	V	F

Unità 3: La salute

IL SERVIZIO SANITARIO IN ITALIA

le medicine

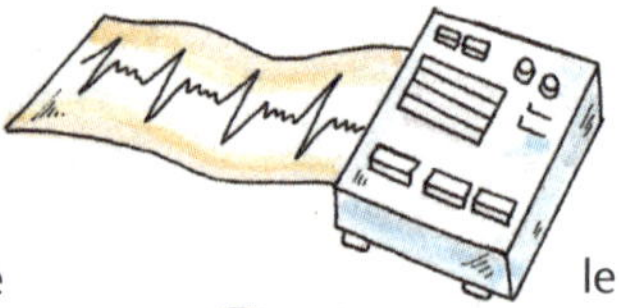

le analisi

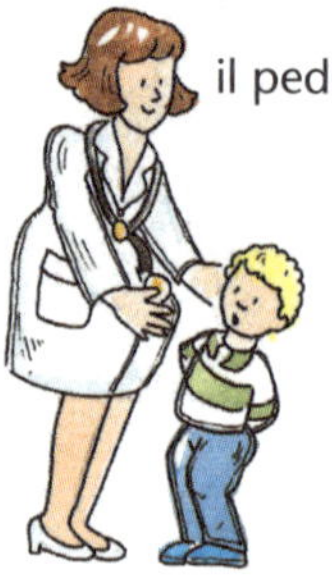

il pediatra

il medico di base

la ricetta

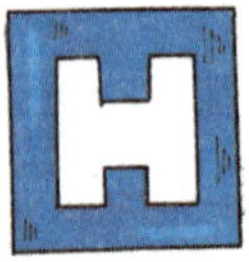

il ricovero in ospedale

le visite specialistiche

il pronto soccorso

l'ambulanza

la guardia medica
(dalle ore 20 alle ore 8,
sabato e giorni festivi)

il consultorio familiare

PRENOTARE UNA VISITA

 DIALOGO N. 1

▲ Buongiorno.
▼ Buongiorno. Prego?
▲ Ho prenotato una visita oculistica per il 20 maggio, ma quel giorno ho un impegno. Posso spostare l'appuntamento?
▼ Vediamo... ha telefonato ieri per prenotare?
▲ Sì, ha telefonato una mia amica.
▼ Purtroppo c'è un posto disponibile solo tra un mese, il 15 giugno.
▲ Prima non è possibile?
▼ Mi dispiace, ma fino al 15 giugno è tutto occupato.
▲ Allora faccio il possibile per venire il 20 maggio. Quali documenti servono?
▼ Il libretto sanitario e la prescrizione del suo medico di base.

 1 - VERO O FALSO?

1 - La signora ha prenotato una visita ortopedica.	V	F
2 - La signora ha un impegno il 20 maggio.	V	F
3 - La signora telefona per spostare l'appuntamento.	V	F
4 - Purtroppo c'è posto solo tra una settimana.	V	F
5 - Fino al 15 giugno è tutto occupato.	V	F
6 - Non serve la prescrizione del medico.	V	F
7 - Serve il libretto sanitario.	V	F

INDICATIVO PASSATO PROSSIMO (PRESENTE DI *AVERE* + PARTICIPIO PASSATO)			
1ª coniugazione TELEFON-**ARE**	io tu	ho hai	telefon-**ato** al medico telefon-**ato** all'ASL
2ª coniugazione RICEV-**ERE**	lui/lei noi	ha abbiamo	ricev-**uto** un premio ricev-**uto** una lettera
3ª coniugazione FIN-**IRE**	voi loro	avete hanno	fin-**ito** le medicine fin-**ito** la terapia

LE PARTI DEL CORPO

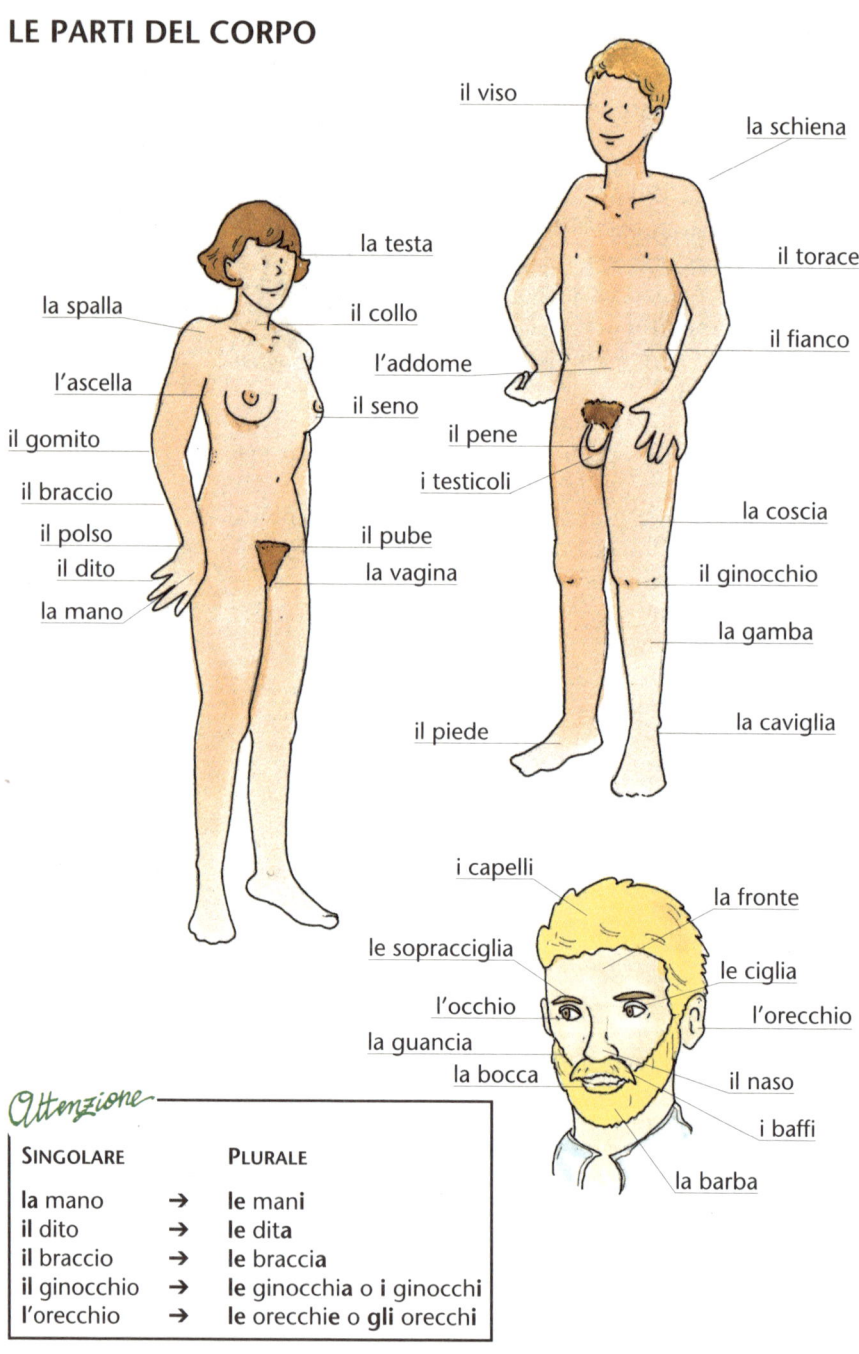

Singolare		Plurale
la mano	→	le mani
il dito	→	le dita
il braccio	→	le braccia
il ginocchio	→	le ginocchia o i ginocchi
l'orecchio	→	le orecchie o gli orecchi

LA SALUTE

ARTICOLO DETERMINATIVO MASCHILE		
SINGOLARE LO	PLURALE GLI	davanti a parole che iniziano con s + consonante, z, ps, gn lo stomaco, lo psichiatra, gli specialisti, gli zoccoli
IL	I	davanti a parole che iniziano con le altre consonanti il medico, il farmaco, i reparti, i pediatri
L'	GLI	davanti a parole che iniziano con vocale l'infermiere, l'orecchio, gli ospedali, gli occhi
ARTICOLO DETERMINATIVO FEMMINILE		
SINGOLARE LA	PLURALE LE	davanti a parole che iniziano con consonante la farmacia, la medicina, le compresse, le radiografie
L'	LE	davanti a parole che iniziano con vocale l'infermiera, l'ostetrica, le assistenti, le analisi

2 - COMPLETA

(i, l', l', la, le)

1 - .... dottoressa non ha potuto visitarmi.
2 - .... impiegato alla cassa è stato molto gentile.
3 - Tutti .... medici del Distretto sono in sciopero.
4 - Non ho ancora fatto ..... esame del sangue.
6 - Vado in farmacia a prendere .... medicine

3 - COMPLETA

IL	LO	LA	L'
ticket	....	ricetta	....
....	....	....	....
....	....	....	....
....	....	....	....

ticket, ricetta, ambulatorio, dottore, infermiera, lettino, malattia, medicina, ospedale, ostetrica, psicologo, radiografia, sangue, sportello, stomaco, studio.

I SINTOMI DI UNA MALATTIA

 ✔ Ho **mal di pancia**, perché ho mangiato troppo.

 ✔ Ho **mal di testa**, perché ho dormito poco.

 ✔ Ho **mal di stomaco**, perché non ho digerito bene.

 ✔ Ho **mal di gola**, perché ho preso freddo.

 ✔ Ho **mal d'orecchi**, perché ho avuto il raffreddore.

 ✔ Ho **mal di schiena**, perché ho sempre sofferto di artrosi.

 ✔ Ho **mal di denti**, perché ho avuto un'infezione.

✎ 4 - COMPLETA

(gola, gola, testa, testa, pancia, pancia, denti, schiena, orecchio, stomaco)

1 - Josef ha mal di .... perché ha dormito poco.
2 - I bambini hanno mal di .... perché hanno preso freddo.
3 - Hai mal di .... perché hai avuto un'infezione.
4 - Sarah ha mal di .... perché ha sempre sofferto di artrosi.
5 - Abbiamo mal di .... perché non abbiamo digerito bene.
6 - Hai mal di .... perché hai mangiato troppo.
7 - Chanda e Mitesh hanno mal d' .... perché hanno avuto il raffreddore.
8 - Se mangi troppo ti viene mal di ....
9 - Chi dorme poco soffre di mal di ....
10 - Non prendere freddo, ti viene mal di ....

☺ DIALOGO N. 2

▲ Ciao Fatima, come va la tua schiena?
▼ Mi fa sempre male.
▲ Sei andata dal dottore?
▼ Non ancora.
▲ Come mai?
▼ Non ho avuto tempo perché la settimana scorsa è arrivato mio fratello dal Marocco.
▲ Prendi almeno qualche medicina?
▼ Sì, sono andata in farmacia e ho comprato delle compresse.
▲ Va bene, ma devi farti visitare dal dottore e seguire una cura adeguata.

✎ 5 - COMPLETA

(cura, avuto, dal, farmacia, scorsa)

Fatima non è ancora andata .... dottore. Non ha .... tempo perché la settimana .... è arrivato suo fratello dal Marocco. In .... ha comprato delle compresse per calmare il dolore, ma deve al più presto farsi visitare e seguire una .... adeguata.

Attenzione

I verbi che indicano uno stato, una condizione e la maggior parte dei verbi di movimento formano i tempi composti con l'ausiliare **essere** invece di *avere*.

| venire | → | **sono venuto** | morire | → | **è morto** |
| andare | → | **sono andato** | guarire | → | **sono guarito** |

INDICATIVO PASSATO PROSSIMO - ANDARE, CADERE, PARTIRE
(PRESENTE DI *ESSERE* + PARTICIPIO PASSATO)

questa mattina	io	sono	and-**ato/a**	in ospedale
ieri pomeriggio	tu	sei	cad-**uto/a**	dalle scale
oggi	lui/lei	è	part-**ito/a**	per Roma
il mese scorso	noi	siamo	and-**ati/e**	dal medico
un'ora fa	voi	siete	cad-**uti/e**	dalla bicicletta
martedì scorso	loro	sono	part-**iti/e**	alle cinque

IN FARMACIA

 Dialogo n. 3

▲ Vorrei un antibiotico per mio marito. Ha febbre e mal di gola.
▼ Ha la ricetta del medico?
▲ No. Non posso comprarlo ugualmente?
▼ No, signora, mi dispiace. Per acquistare un antibiotico è necessaria la ricetta scritta da un medico.
▲ Che cosa posso fare?
▼ Lei ha il libretto sanitario?
▲ Sì.
▼ Allora deve andare dal suo medico di base e chiedere la prescrizione.
▲ Se ho la ricetta pago l'antibiotico?
▼ Lei paga solo il ticket, cioè una piccola cifra e non il prezzo intero della medicina.

VORREI UN ANTIBIOTICO

Prodotti per curarsi

le medicine
le compresse
il cotone idrofilo
la capsula
le pillole
il termometro
le supposte
lo sciroppo
la fiala
i cerotti
la siringa

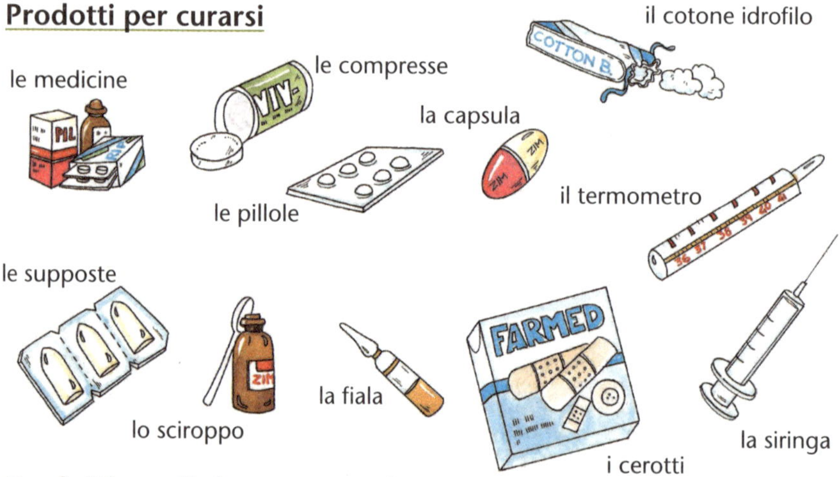

Prodotti per l'igiene personale

il bagnoschiuma
il sapone
il dentifricio
lo spazzolino da denti
lo shampoo

Tipi di farmaci

 gli antidolorifici

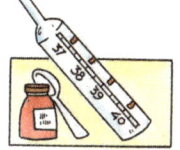 gli antipiretici

 i tranquillanti

 gli antistaminici

 gli antinfiammatori

 i sonniferi

Informazioni utili

In ogni confezione di medicinali c'è un foglietto che dà informazioni importanti su quella medicina.

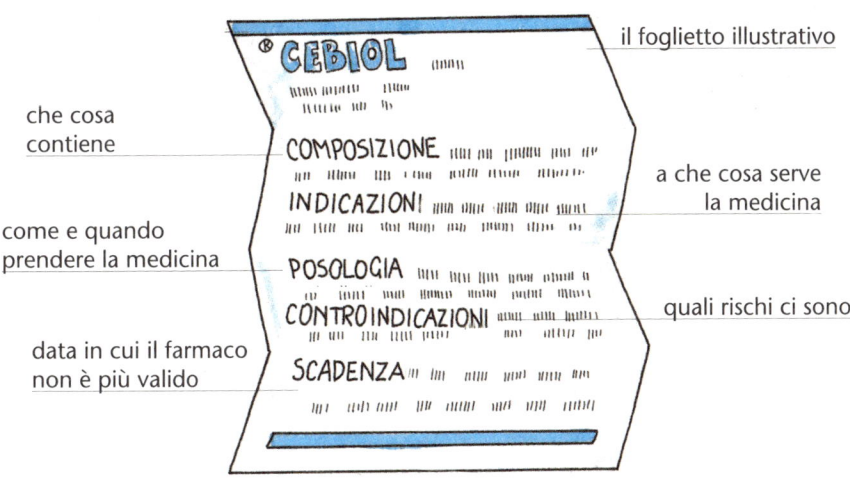

- il foglietto illustrativo
- che cosa contiene
- a che cosa serve la medicina
- come e quando prendere la medicina
- quali rischi ci sono
- data in cui il farmaco non è più valido

IL PRONTO SOCCORSO

AL PRONTO SOCCORSO

☺ **DIALOGO N. 4**

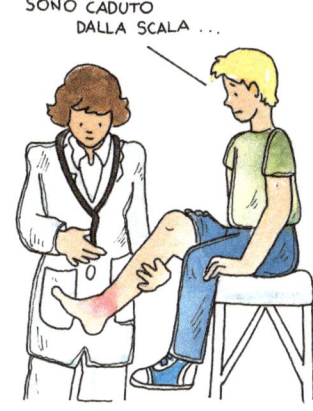

▲ Avanti il prossimo. A chi tocca?
▼ A me.
▲ Prego. Che cosa è successo?
▼ Sono caduto dalla scala.
▲ Le fa male in questo punto?
▼ Sì, molto.
▲ La sua caviglia è fratturata. Adesso le mettiamo il gesso.
▼ Per quanto tempo devo portarlo?
▲ Per venti giorni.

 6 - RISPONDI

1 - Che cosa è successo al ragazzo?
2 - Perché la dottoressa decide di mettere il gesso?
3 - Per quanti giorni il ragazzo deve portare l'ingessatura?

PARTICIPIO PASSATO - VERBI IRREGOLARI		
rimanere	→ rimasto	Sono **rimasta** a letto per tutto il giorno.
nascere	→ nato	La bambina di mia sorella è **nata** il 13 dicembre.
fare	→ fatto	Il dentista mi ha **fatto** un'iniezione per il mal di denti.
rompere	→ rotto	Guarda! Mi hai **rotto** gli occhiali!
chiedere	→ chiesto	Ti ho **chiesto** un piacere,
rispondere	→ risposto	ma non mi hai **risposto**.
vedere	→ visto	Avete **visto** alla TV
succedere	→ successo	che cosa è **successo** a Roma?
prendere	→ preso	Perché non hai **preso** le medicine
prescrivere	→ prescritto	che ti ha **prescritto** il dottore?
dire	→ detto	Tom mi ha **detto**
morire	→ morto	che è **morto** il suo pesce rosso.

GLI SPECIALISTI

Il pediatra è il medico specializzato nella cura dei bambini.

✔ Ieri mio figlio ha avuto la febbre e ho chiamato subito il **pediatra**.

Il ginecologo cura le malattie dell'apparato genitale femminile e segue la gravidanza.

✔ Sono incinta! Devo andare dal **ginecologo**.

Il dermatologo cura le malattie della pelle.

✔ Il **dermatologo** mi ha dato una crema molto buona per le scottature.

Il cardiologo cura le malattie del cuore.

✔ Ho fatto l'elettrocardiogramma dal mio **cardiologo**.

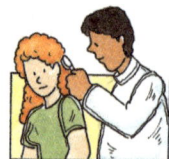
L'otorino cura le malattie della gola e delle orecchie.

✔ Se non senti bene, vai da un **otorino**.

Il chirurgo fa delle operazioni sulle parti malate del corpo.

✔ Mio cognato è stato operato al fegato da un **chirurgo** molto bravo.

L'ortopedico cura le malattie delle ossa.

✔ L'**ortopedico** mi ha consigliato la palestra per i dolori alla schiena.

L'oculista cura le malattie degli occhi.

✔ L'**oculista** mi ha prescritto gli occhiali, perché non vedo bene.

Lo psichiatra cura le malattie mentali.

✔ Per curare la depressione occorre andare dallo **psichiatra**.

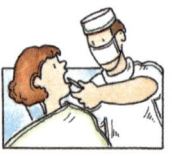
Il dentista cura i denti.

✔ Mi fa male un dente. Devo andare dal **dentista**.

LA GRAVIDANZA

SONO INCINTA!

Si dice
- ✔ Ho fatto il test di gravidanza.
- ✔ La mia gravidanza è a rischio. Devo stare a riposo.
- ✔ La data prevista per il parto è il 7 maggio.
- ✔ Devo fare le prime analisi e la prima ecografia.

SONO AL 7° MESE DI GRAVIDANZA

La sala travaglio

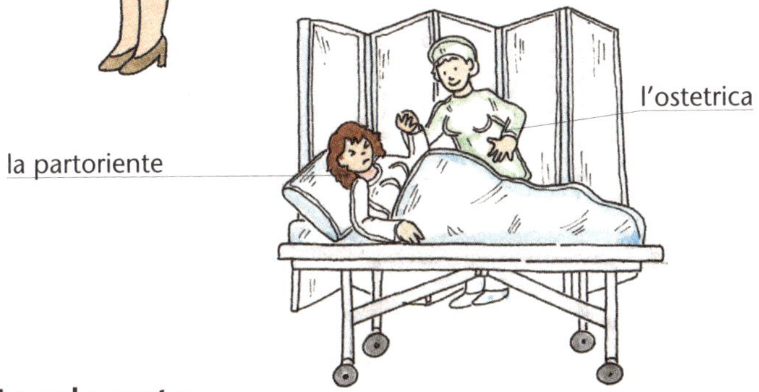

l'ostetrica

la partoriente

La sala parto

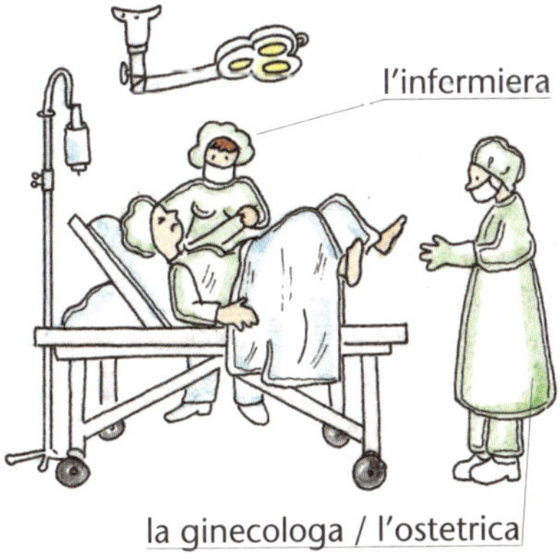

l'infermiera

la ginecologa / l'ostetrica

Il reparto maternità

l'allattamento — il neonato — il fiocco rosa

il fiocco azzurro

LA SALUTE

Unità 4: la casa

L'interno della casa

ALL'AGENZIA IMMOBILIARE

😊 Dialogo n. 1

▲ Buongiorno.
▼ Buongiorno, prego.
▲ Cerchiamo un appartamento nella zona di Borgo Venezia.
▼ Ho diversi appartamenti. Quali sono le vostre esigenze?
▲ Vorremmo due camere da letto, una cucina e un soggiorno.
▼ Uno o due servizi?
▲ Andrebbe bene anche un solo bagno.
▼ Avrei quattro locali in un palazzo al secondo piano.
▲ In che condizioni sono?
▼ Il palazzo è una nuova costruzione.
▲ C'è il garage?
▼ Sì, e anche la cantina.

Appartamenti in vendita

A – BORGO VENEZIA appartamento in posizione tranquilla con ingresso, soggiorno, cucina abitabile, matrimoniale, servizio, balcone, cantina. Termoautonomo. € 156.000
Immobilia Tel. 045 7654881

B – BORGO VENEZIA vendiamo appartamento, 3 camere, soggiorno, cucina, balconi, cantina e garage, riscaldamento autonomo. € 275.000
Forsale Tel. 045 8365910

C – BORGO VENEZIA appartamento composto da ingresso, soggiorno, cucin a, 2 camere, servizio, balcone, garage e cantina.
€ 260.000
Casamia Tel. 045 7654881

 1 - Scegli

Quale annuncio risponde alla domanda dei due signori?   A   B   C

 2 - Vero o falso?

1 - I signori cercano casa in Borgo Venezia.	V	F
2 - Vorrebbero tre camere da letto.	V	F
3 - Hanno bisogno di due bagni.	V	F

L'ESTERNO DELLA CASA

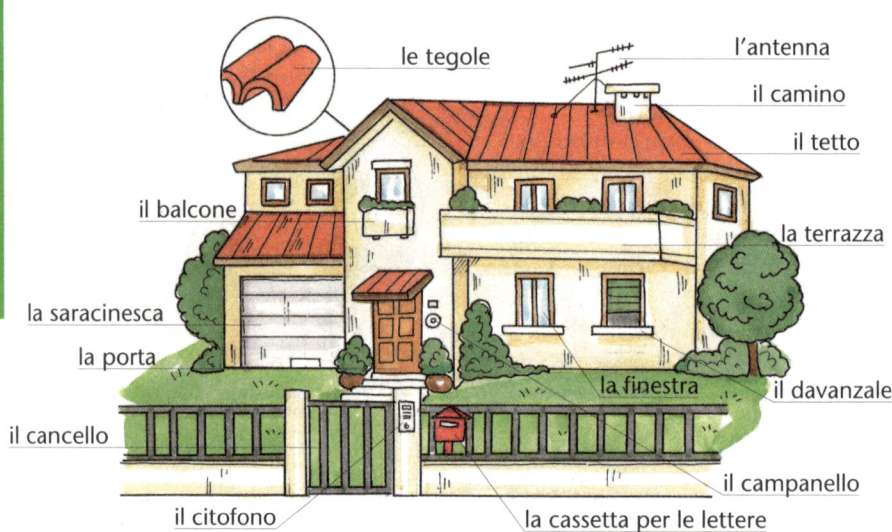

Si dice

- Il **campanello** non funziona.
- Chiudi la **porta** a chiave.
- Devo far pulire il **camino**.
- Dalla mia terrazza vedo il mare.
- Hai abbassato la **saracinesca** del garage?
- Il vento ha danneggiato l'**antenna** della televisione.
- Vorrei mettere dei vasi di fiori sui **davanzali**.
- Sul **tetto** ci sono due **tegole** rotte.

CONDIZIONALE PRESENTE - *ESSERE* E *AVERE*

	ESSERE		AVERE	
io	sarei	pronto	avrei	fame
tu	saresti	felice	avresti	dei soldi
lui/lei	sarebbe	sorpreso/a	avrebbe	una casa
noi	saremmo	vicini/e	avremmo	sonno
voi	sareste	a casa	avreste	un lavoro
loro	sarebbero	contenti	avrebbero	la macchina

CHIEDERE INFORMAZIONI AL TELEFONO

☺ **DIALOGO N. 2**

▲ Potrei avere alcune informazioni su un monolocale? Ho visto un vostro annuncio sul giornale.
▼ Volentieri, ma l'impiegato in questo momento è occupato. Potrebbe richiamare più tardi?

☺ **DIALOGO N. 3**

▲ Buongiorno, vorrei parlare con il signor Rossi a proposito dell'appartamento da affittare.
▼ Mi dispiace, adesso non c'è. Dovrebbe ritelefonare questa sera.
▲ Va bene, grazie.

☺ **DIALOGO N. 4**

▲ Allora, ha deciso per la casa?
▼ No, non so cosa fare. Mi piace molto, ma è troppo cara. Non potrebbe abbassare il prezzo?
▲ Mi dispiace, non è proprio possibile.

CONDIZIONALE PRESENTE - VERBI SERVILI				
	POTERE	**VOLERE**	**DOVERE**	
io	potr-**ei**	vorr-**ei**	dovr-**ei**	chiedere informazioni
tu	potr-**esti**	vorr-**esti**	dovr-**esti**	cercare una casa
lui/lei	potr-**ebbe**	vorr-**ebbe**	dovr-**ebbe**	venire al più presto
noi	potr-**emmo**	vorr-**emmo**	dovr-**emmo**	seguire il tuo consiglio
voi	potr-**este**	vorr-**este**	dovr-**este**	stare più attenti
loro	potr-**ebbero**	vorr-**ebbero**	dovr-**ebbero**	telefonarti

TIPI DI CASA

le case a schiera

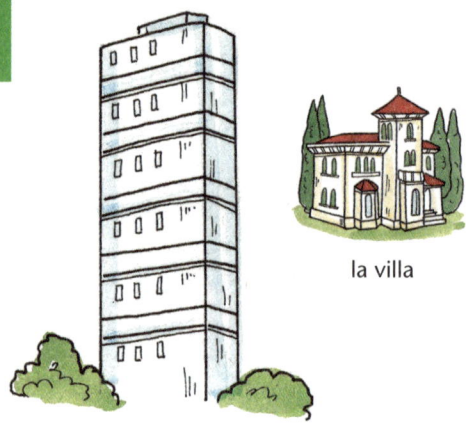
la villa

il grattacielo

il palazzo
il condominio

CONDIZIONALE PRESENTE
1ª coniugazione **COMPR-ARE**
io compr-**erei** tu compr-**eresti** lui/lei compr-**erebbe** noi compr-**eremmo** voi compr-**ereste** loro compr-**erebbero**
2ª coniugazione **VEND-ERE**
io vend-**erei** tu vend-**eresti** lui/lei vend-**erebbe** noi vend-**eremmo** voi vend-**ereste** loro vend-**erebbero**
3ª coniugazione **SENT-IRE**
io sent-**irei** tu sent-**iresti** lui/lei sent-**irebbe** noi sent-**iremmo** voi sent-**ireste** loro sent-**irebbero**

CONDIZIONALE PRESENTE - VERBI IRREGOLARI

	ANDARE	VEDERE	SAPERE	VENIRE	BERE
io	andrei	vedrei	saprei	verrei	berrei
tu	andresti	vedresti	sapresti	verresti	berresti
lui/lei	andrebbe	vedrebbe	saprebbe	verrebbe	berrebbe
noi	andremmo	vedremmo	sapremmo	verremmo	berremmo
voi	andreste	vedreste	sapreste	verreste	berreste
loro	andrebbero	vedrebbero	saprebbero	verrebbero	berrebbero

IL TRASLOCO

✔ traslocare
✔ trasferirsi

✔ arredare la casa
✔ ammobiliare

✔ imbiancare la casa
✔ dipingere le pareti

3 - COMPLETA

(dovremmo, direi, avrei, vorrebbero, vorrei, vorremmo)

1 - Quando diresti di fare il trasloco?
   Io .... di farlo il prossimo mese.
2 - Quando dovreste lasciare libero l'appartamento?
   Noi .... lasciarlo libero in luglio.
3 - Quale ditta vorresti chiamare per il trasloco?
   Io .... chiamare la ditta Velox.
4 - Quando avresti tempo per imbiancare la sala?
   Io .... tempo lunedì prossimo.
5 - Quale casa vorrebbero i signori Kallas?
   .... l'appartamento in via Zamboni.
6 - Con quali mobili vorreste arredare la casa?
   .... arredarla con mobili antichi.

4 - CONIUGA

1 - (Lei, potere) *Potrebbe* rivedere le condizioni di pagamento?
2 - (Tu, sapere) .... darmi un consiglio?
3 - (Io, dovere) .... dipingere la casa.
4 - (Tu, comprare) .... un appartamento in questa zona?
5 - (Noi, avere) .... intenzione di cambiare casa.
6 - (Io, andare) .... in una casa nuova, se potessi.
7 - (Voi, venire) .... ad aiutarmi durante il trasloco?
8 - Mi (tu, fare) .... un piacere?

LA CASA IN AFFITTO

- Il padrone di casa mi ha dato lo sfratto.
- Purtroppo sono stato sfrattato.

- Ho preso in affitto una casa al mare.
- Vorrei affittare una villetta in riva al mare.

- L'anno prossimo scade il mio contratto d'affitto.
- La scadenza del mio contratto è l'anno prossimo.

- Questo mese l'inquilino non ha pagato l'affitto.
- L'affitto si paga all'inizio del mese.

- Devo pagare le spese condominiali.
- In questo condominio ci sono molte spese.

- Questa casa è da ristrutturare.
- Sono iniziati i lavori di ristrutturazione della casa.

😊 DIALOGO N. 5

▲ Buongiorno signora Filipovic.
   Sono Bonetti.
▼ Buongiorno.
▲ La chiamo a proposito del contratto d'affitto.
▼ Ah, già, scade tra un mese.
▲ Sì. Ecco... io vorrei aumentare il canone.
   Sa, ho avuto molte spese per
   i lavori di ristrutturazione della casa.
   Quando potremmo parlare?
▼ Andrebbe bene la settimana prossima?
   In questi giorni ho poco tempo.
▲ Certo. Va bene giovedì prossimo
   alle 19?
▼ D'accordo. Arrivederci.

A PROPOSITO DEL CONTRATTO D'AFFITTO...

✎ 5 - Vero o falso?

		V	F
1 -	Il signor Bonetti vuole dare lo sfratto alla signora Filipovic.	V	F
2 -	Il contratto d'affitto è già scaduto.	V	F
3 -	Il signor Bonetti ha avuto molte spese per sistemare la casa.	V	F
4 -	La signora Filipovic ha poco tempo.	V	F
5 -	Il signor Bonetti e la signora Filipovic decidono di incontrarsi giovedì prossimo.	V	F

Si dice

- ✔ Affittare un appartamento
- ✔ Prendere un appartamento in affitto
- ✔ Pagare l'affitto al padrone di casa
- ✔ Avere un regolare contratto d'affitto
- ✔ L'affitto di questo appartamento è caro
- ✔ Gli inquilini di questo condominio sono rumorosi
- ✔ Nell'affitto sono comprese le spede condominiali.

LA CASA

4

LA MANUTENZIONE DELLA CASA

 il tappezziere

 l'idraulico

 il fabbro

 l'elettricista

 il muratore

 la presa di corrente

 la caldaia

 il contatore

 il salvavita

 l'interruttore

 il rubinetto del gas

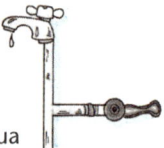 il rubinetto dell'acqua

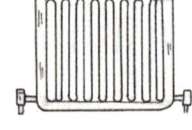 il radiatore / il termosifone

 lo scaldabagno

 la tapparella / l'avvolgibile

 gli infissi

 le persiane

CHIAMARE UN TECNICO

😊 Dialogo n. 6

- ▲ Centro Assistenza GiroWatt. Desidera?
- ▼ La mia caldaia non funziona. Ho cercato più volte di accenderla, ma inutilmente.
- ▲ Perde acqua?
- ▼ Mi sembra di no.
- ▲ Ha controllato la valvola di accensione?
- ▼ No. Non l'ho controllata. Potrebbe mandarmi un tecnico?
- ▲ Sì, domani pomeriggio tra le 14 e le 18. Va bene?
- ▼ Non è possibile oggi? Ho in casa una bambina piccola e con il riscaldamento spento c'è molto freddo.
- ▲ Mi dispiace, abbiamo molto lavoro in questi giorni.
- ▼ Allora mi rivolgo a un altro centro di assistenza. Grazie, buongiorno.

6 - Collega

1 - La signora vorrebbe ...
2 - La signora ha in casa ...
3 - L'impianto di riscaldamento ...
4 - La signora ha chiamato ...
5 - La caldaia ...
6 - Con il riscaldamento spento c'è...

a - ... il Centro Assistenza GiroWatt.
b - ... un tecnico oggi.
c - ... molto freddo.
d - ... è spento.
e - ... una bimba piccola.
f - ... non funziona.

7 - Completa

(verde, idraulico, contatore, poltrone, scaldabagno, elettricista)

1 - Il rubinetto è rotto e ho chiamato l'..............................
2 - L'.............................. ha cambiato l'interruttore.
3 - Non funziona lo ...., per questo l'acqua è fredda.
4 - Il tappezziere ha rivestito le .... del salotto.
5 - Le tapparelle di casa mia sono di colore ....
6 - Il .... dell'acqua è sotto il lavandino.

L'ARREDAMENTO DELLA CASA

ARTICOLO INDETERMINATIVO	
MASCHILE SINGOLARE	
UNO	davanti a parole che iniziano con s + consonante, z, ps, gn uno sportello, uno zaino, uno gnocco, uno psicologo
UN	davanti a parole che iniziano con altre consonanti e con vocale un corridoio, un armadio
FEMMINILE SINGOLARE	
UNA	davanti a parole che iniziano con consonante una stanza, una cucina, una poltrona
UN'	davanti a parole che iniziano con vocale un'antenna, un'aranciata, un'anatra

LA CASA 4

 8 - COMPLETA

(un, un, un, un, un, un, un, una, una, una)

Io abito in .... appartamento con mio marito e i nostri due figli. La casa è abbastanza grande: ci sono due camere da letto, ... ingresso, ... soggiorno, ... cucina e .... bagno. Inoltre abbiamo .... cantina e .... garage. La cucina è la stanza più luminosa: ci sono infatti .... finestra e .... balcone. Vicino alla casa c'è .... parco giochi dove porto spesso i bambini a giocare.

9 - SOSTITUISCI

1 - La casa di due piani.   *Una* casa di due piani.
2 - L'appartamento in affitto.   .... appartamento in affitto.
3 - Lo specchio per il bagno.   .... specchio per il bagno.
4 - L'orologio da muro.   .... orologio da muro.
5 - L'inquilina simpatica.   .... inquilina simpatica.
6 - L'affitto da pagare.   .... affitto da pagare.

Unità 5: i trasporti

LA STRADA

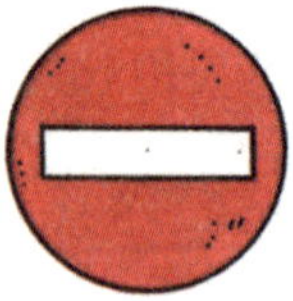

la riga continua

il pedone

il motociclista
la moto
la carreggiata
l'autobus
la fermata dell'autobus
il semaforo
lo scooter

senso vietato  — divieto di sosta  — divieto di sorpasso — dare la precedenza

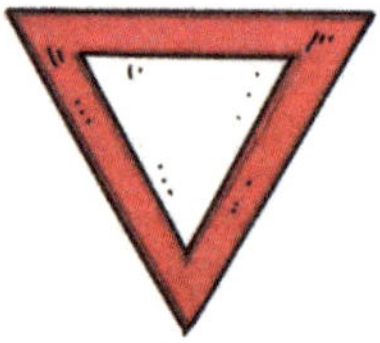

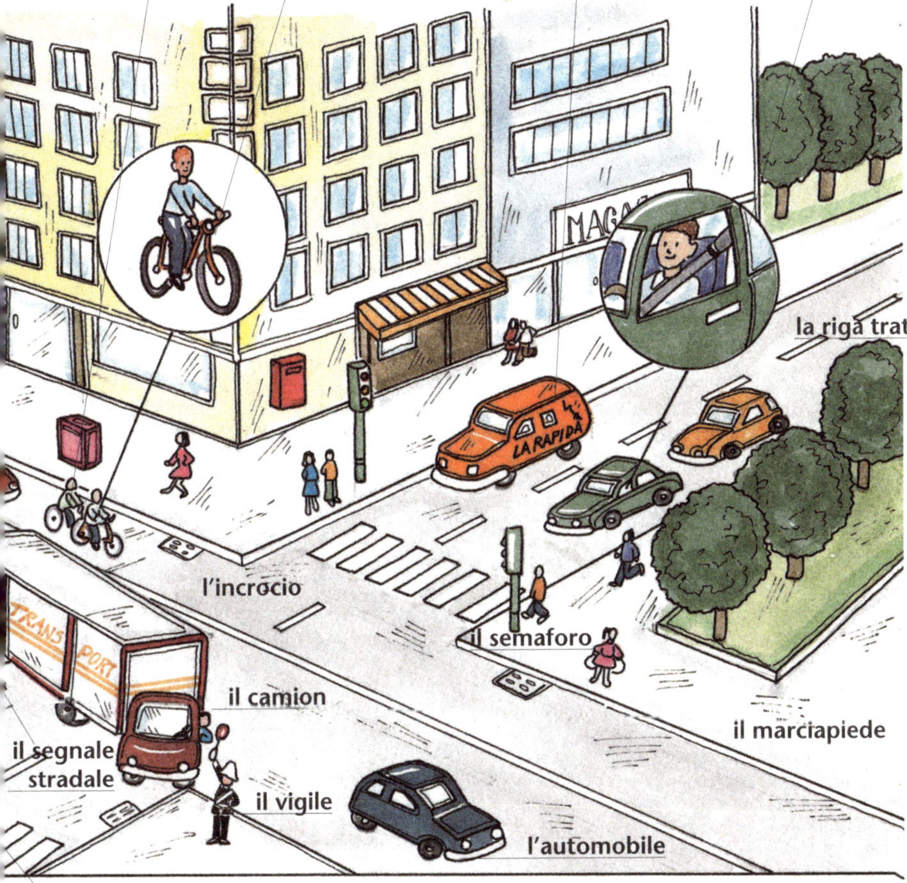
la bicicletta
il ciclista
il furgone
l'automobilista
la riga tratteggiata
l'incrocio
il semaforo
il camion
il marciapiede
il segnale stradale
il vigile
l'automobile
le strisce
il passaggio pedonale
LA RAPIDA
TRANS PORT

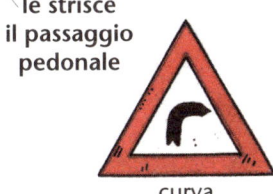

curva pericolosa

P

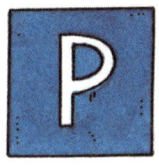

parcheggio

direzione obbligatoria

pista ciclabile

CHIEDERE E DARE INDICAZIONI STRADALI

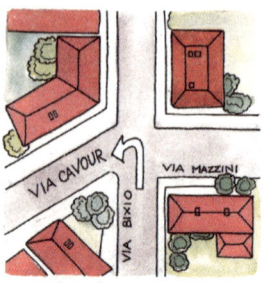

✔ Scusi, dov'è Via Cavour? Deve proseguire fino all'**incrocio** e poi girare a sinistra.

✔ Posso andare con la macchina in Piazza Garibaldi? No, non è possibile, perché è **zona pedonale**.

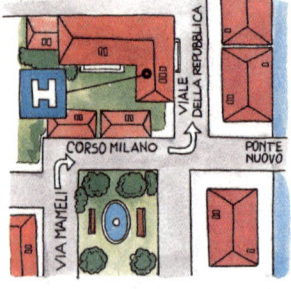

✔ Qual è il percorso più breve per raggiungere a piedi l'ospedale? Via Mameli fino ai giardini, poi a destra **Corso** Milano e prima del **Ponte**, a sinistra, **Viale** della Repubblica.

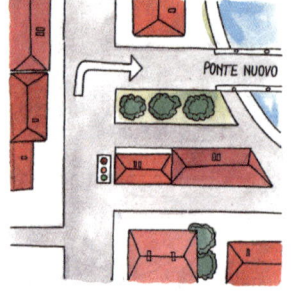

✔ Devo andare al Ponte Nuovo, mi può indicare la strada? Deve proseguire per circa duecento metri fino al **semaforo**, poi prendere la seconda **traversa** a destra.

✔ Si può raggiungere in macchina la stazione da Corso Umberto? No, non si può, perché è a **senso unico**.

✔ Mi sa dire dove si trova il cinema Ariston? È in **Via** Mazzini, al n. 25.

1 - SCEGLI

1 - Il cinema Ariston si trova: a - in Corso Mameli al n. 10.
   b - in Via Mazzini, 25.
   c - al n. 5 di Viale della Repubblica.

2 - Non si può arrivare in Piazza Garibaldi con la macchina perché:
   a - è zona pedonale.
   b - ci sono lavori in corso.
   c - c'è il senso unico.

 2 - ORDINA E RISCRIVI

1 - dov' scusi Roma Via è?
....
2 - con posso macchina in Umberto andare la Piazza?
....
3 - da si raggiungere la Garibaldi Corso può stazione?
....
4 - cinema mi Marconi si sa dove dire trova il?
....
5 - al devo Ponte andare Nuovo, la indicare può strada mi?
....

3 - COMPLETA

1 - Il teatro si trova in ....
.... al n. .....

2 - La scuola è in ....
.... al n. .....

3 - Ti aspetto al n. ....
....

4 - La macchina è parcheggiata
....

PRENDERE L'AUTOBUS

✓ Scusi, è già passato l'autobus 22?
No, è in ritardo,
anch'io lo aspetto.

✓ Per favore, mi sa dire a che
ora passa l'autobus 28?
Alle 10:30.

✓ Per piacere, dove posso
comperare il biglietto per l'autobus?
Dal giornalaio là di fronte.

✓ Prendi anche tu il 24?
Sì, fino a piazza Garibaldi
poi scendo e prendo il 26.

4 - COMPLETA

(24, 26, 10, arrivato, aspetto, autobus, biglietto, Piazza, Garibaldi, ritardo, giornalaio)

1 - Anch'io .... l'autobus 22.
2 - L'autobus 22 non è ancora .... È in ....
3 - Prendo il .... fino a .... Garibaldi.
4 - In Piazza .... prendo l'autobus ....
5 - L'............................. 28 passa alle ....
6 - Il .... per l'autobus si può comprare dal ....

APPENA SALGO TIMBRO IL BIGLIETTO

MI SIEDO SE C'È UN POSTO LIBERO

SUONO IL CAMPANELLO, QUANDO DEVO SCENDERE

SULL'AUTOBUS

☺ Dialogo n. 1

▲ Per favore, questo autobus va fino alla stazione?
▼ Sì, certamente.
▲ E quanto tempo impiega per arrivare?
▼ Circa venti minuti, se non ci sono ingorghi nel traffico.
▲ Può avvisarmi quando devo scendere?
▼ Va bene, la chiamo tra cinque fermate.
▲ Posso usare ancora questo biglietto?
▼ Sì, perché vale sessanta minuti.

5 - Scegli

1 - Dove deve andare la signora?
    a - All'ospedale.
    b - Alla stazione.
    c - A casa.

2 - Quanto tempo impiega l'autobus per arrivare alla stazione?
    a - Un'ora.
    b - Circa trenta minuti.
    c - Venti minuti.

3 - Tra quante fermate deve scendere la signora?
    a - Due fermate.
    b - Tre fermate.
    c - Cinque fermate.

4 - Perché può usare ancora il biglietto?
    a - Perché vale un'ora.
    b - Perché vale quarantacinque minuti.
    c - Perché vale un'ora e mezzo.

6 - Completa

(posto libero, campanello, biglietto, autobus)

1 - Maria sale sull'............................... e timbra il ....
2 - Francoise e Martine si siedono se c'è un ....
3 - Suoniamo il .... quando dobbiamo scendere.

I TRASPORTI

INDICATIVO FUTURO SEMPLICE		
ESSERE		
io	sa-**rò**	felice
tu	sa-**rai**	alla festa
lui/lei	sa-**rà**	in vacanza
noi	sa-**remo**	al mare
voi	sa-**rete**	nostri ospiti
loro	sa-**ranno**	insieme a me
AVERE		
io	av-**rò**	un premio
tu	av-**rai**	un fratellino
lui/lei	av-**rà**	una bicicletta
noi	av-**remo**	una casa nostra
voi	av-**rete**	un lavoro
loro	av-**ranno**	un figlio

INDICATIVO FUTURO SEMPLICE		
1ª coniugazione **ARRIV-ARE**		
io	arriv-**erò**	domani
tu	arriv-**erai**	domenica
lui/lei	arriv-**erà**	in ritardo
noi	arriv-**eremo**	stasera
voi	arriv-**erete**	presto
loro	arriv-**eranno**	di notte
2ª coniugazione **SCEND-ERE**		
io	scend-**erò**	dal treno
tu	scend-**erai**	dall'autobus
lui/lei	scend-**erà**	dall'aereo
noi	scend-**eremo**	a Roma
voi	scend-**erete**	in via Diaz
loro	scend-**eranno**	a piedi
3ª coniugazione **PART-IRE**		
io	part-**irò**	da Verona
tu	part-**irai**	con un'amica
lui/lei	part-**irà**	per le vacanze
noi	part-**iremo**	in settembre
voi	part-**irete**	a mezzogiorno
loro	part-**iranno**	in macchina

Si dice

- ✔ La mia macchina non parte.
- ✔ Andrò al lavoro in scooter.
- ✔ Con questo traffico arriverò tardi.
- ✔ Partirò per Genova domani alle 8.

7 - COMPLETA LA DOMANDA

1 - Quando *partiranno?* — Partiranno dopodomani.
2 - Quale treno ....? — Prenderò il treno di mezzogiorno.
3 - Quando ....? — Arriverò alle 18.30.
4 - John con chi ....? — John verrà da solo.
5 - Quanto tempo ....? — Starò con voi tutto il giorno.
6 - Dove ....? — Scenderemo a Firenze.
7 - Nel 2015 quanti anni ....? — Nel 2015 avrò quarant'anni.
8 - In quale hotel .... Ingrid? — Ingrid sarà all'hotel Panoramic.

INDICATIVO FUTURO SEMPLICE - VERBI IRREGOLARI					
	ANDARE	**VEDERE**	**POTERE**	**VOLERE**	**BERE**
io	andr-**ò**	vedr-**ò**	potr-**ò**	vorr-**ò**	berr-**ò**
tu	andr-**ai**	vedr-**ai**	potr-**ai**	vorr-**ai**	berr-**ai**
lui/lei	andr-**à**	vedr-**à**	potr-**à**	vorr-**à**	berr-**à**
noi	andr-**emo**	vedr-**emo**	potr-**emo**	vorr-**emo**	berr-**emo**
voi	andr-**ete**	vedr-**ete**	potr-**ete**	vorr-**ete**	berr-**ete**
loro	andr-**anno**	vedr-**anno**	potr-**anno**	vorr-**anno**	berr-**anno**

 8 - Coniuga

1 - Mimì (prendere) *prenderà* il treno con noi.
2 - Carlos e Pablo (partire) .... domenica prossima.
3 - Con questo autobus (voi, arrivare) .... in tempo alla stazione.
4 - In settembre farò un viaggio se (io, avere) .... le ferie.
5 - Se prenderai l'aereo delle 14 (tu, essere) .... a Creta alle 16:30.

 9 - Completa

(prenderanno, prenderò, prenderete, prenderai, prenderà, prenderemo)

1 - Domani mattina io .... l'autobus 22.
2 - Questa sera tu .... la metropolitana.
3 - Nancy .... un taxi per venire a casa.
4 - Alle 20:00 noi .... la metro, come tutte le sere.
5 - Voi .... il bus che ferma a Gallarate.
6 - John e Susan .... il traghetto per la Corsica.

10 - Collega

1 - Venire	a - Partirò	7 - Leggere	g - Leggerete
2 - Andare	b - Prenderemo	8 - Sapere	h - Vedrai
3 - Lavorare	c - Verrò	9 - Bere	i - Saprai
4 - Arrivare	d - Andremo	10 - Stare	l - Berrà
5 - Partire	e - Lavorerete	11 - Vedere	m - Diranno
6 - Prendere	f - Arriveranno	12 - Dire	n - Starete

CHE ORA È?

 ✔ È mezzanotte.  ✔ È mezzogiorno.
✔ Sono le (ore) ventiquattro. ✔ Sono le (ore) dodici.

✔ È l'una.  ✔ Sono le tredici.

✔ Sono le due.  ✔ Sono le quattordici.

✔ Sono le tre e un quarto.  ✔ Sono le quindici e quindici (minuti).

✔ Sono le quattro e trenta.  ✔ Sono le sedici e trenta.
✔ Sono le quattro e mezza.

✔ Sono le cinque e tre quarti.  ✔ Sono le diciassette e quarantacinque.
✔ Sono le cinque e quarantacinque.
✔ Sono le sei meno un quarto.
✔ Manca un quarto alle sei.

Attenzione

Nell'italiano parlato si usano di solito i numeri dall'1 al 12 anche per indicare le ore pomeridiane.

 ✔ Sono le due e un quarto.   ✔ Sono le sei e mezza.

Giorni, ore, minuti, secondi

✔ Un giorno è formato da ventiquattro (24) ore.
✔ Un'ora è formata da sessanta (60) minuti.
✔ Un minuto è formato da sessanta (60) secondi.

Attenzione

✔ *Quanto tempo impiega l'autobus per andare all'aeroporto?*
Impiega un'ora e dieci minuti.

✔ *Quanto tempo ci vuole per arrivare a casa tua?*
Con la macchina ci vogliono circa quaranta minuti.

✔ *In quanto tempo questo treno va da Venezia a Padova?*
In venti minuti circa.

11 - Completa

1 - Devo affrettarmi, è buio ormai, sono già le ....

2 - Il mio treno partirà domani mattina alle ....

3 - Lucy e Bill arriveranno domani sera alle ....

4 - Il nostro ufficio apre tutti i giorni alle ....

5 - Questa mattina le lezioni termineranno alle ....

12 - Collega

1 - Che ore sono?   a - Sono le 11:45.
Sono le 17:30.

2 - Per favore mi dici che ora è?   b - Sono le cinque e mezzo.
Manca un quarto a mezzogiorno

3 - È già mezzanotte?   c - Sono le 23:55.
Non ancora, mancano cinque minuti.

4 - A che ora inizia lo spettacolo stasera?   d - Mancano dieci minuti alle nove.
Alle nove e un quarto. Sii puntuale!

5 - Sbrigati. Sono le 8:50.   e - Alle 21:15.
Sono pronto. Arrivo subito.

5 I TRASPORTI

LA STAZIONE FERROVIARIA

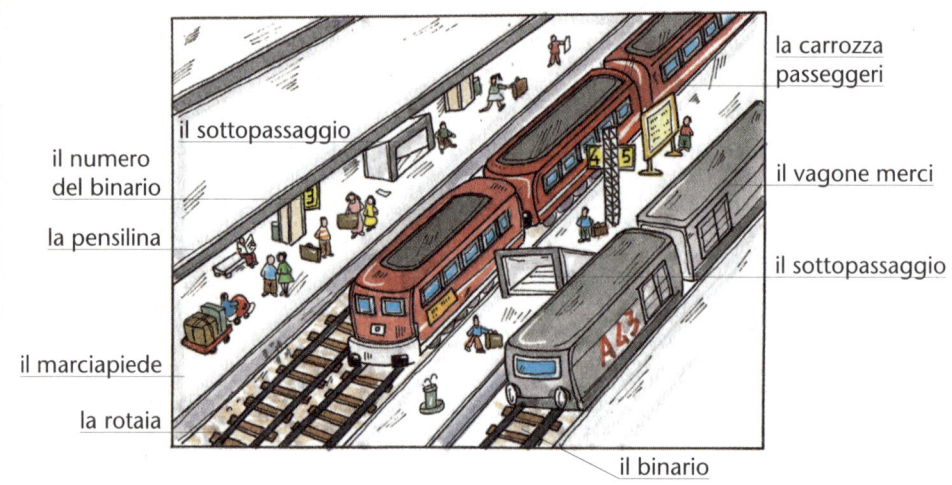

- il sottopassaggio
- il numero del binario
- la pensilina
- il marciapiede
- la rotaia
- la carrozza passeggeri
- il vagone merci
- il sottopassaggio
- il binario

L'ORARIO FERROVIARIO

Labels:
- numero del quadro: **65**
- Venezia-Padova-Vicenza-Verona
- classe
- linea di percorrenza
- numero del treno
- distanza in chilometri
- stazione
- treno con pagamento di supplemento
- vagone ristorante
- treno in transito
- orario d'arrivo
- orario di partenza
- nome del treno

K.		60 EC 1e2	2100 IR 1e2	20476 2cl.	354 IC 1e2	5506 feriale 2cl.	20478	86 EC 1e2	2712 diretto feriale 1e2	622 IC 1e2	2104 IR 1e2	5610 feriale 2cl.	20484	626 IC 1e2
–	VENEZIA S.L. ...p	11 58		12 04	12 58		13 02	13 30	13.35	13 58		14 04	14 32	14 58
7	Venezia P. Marghera													
9	VENEZIA MESTRE {a p	12 07 12 10		12 13 12 14	13 07 13 10		13 12 13 14	13 39 13 42	13 44 13 47	14 07 14 10		14 13 14 15	14 41 14 43	15 0 15 1
18	Mira-Mirano			12 24			13 24					14 24	14 54	
22	Dolo			12 29			13 29					14 29	14 59	
26	Vigonza-Pianiga			12 34			13 35					14 35	15 04	
32	Ponte di Brenta			12 40			13 40					14 40	15 10	
37	PADOVA {a p	12 29 12 32		12 45 12 48	13 29 13 32		13 45 13 47	14 01 14 03	14 08 14 11	14 29 14 32		14 45 14 55	15 16 15 18	1 1
47	Mestrino			12 56			13 55					15 01	15 31	
53	Grisignano di Zocco			13 02			14 01		14 22			15 08	15 37	
60	Lerino			13 09			14 08		14 28					
68	VICENZA {a p	12 50 12 52		13 15 13 25	13 50 13 52	13 58	14 14	14 21 14 23	14 35 14 37	14 50 14 52		15 14	15 44	
75	Altavilla-Tavernelle			13 31		14 03					20482 feriale 2 cl.			
84	Montebello			13 37		14 11								
90	Lonigo			13 42		14 16								
95	San Bonifacio			13 48		14 29			14 54			15 48		
104	Caldiero			13 55		14 29						15 55		
110	S. Mart. Buonalbergo			14 00		14 34	2102					16 00		
116	Verona P.V.			14 06		14 40	IR					16 06		
120	VERONA P.N. {a p	13 24 13 27	13 50	14 14 14 26	14 23	14 46	14 50	14 54 15 00	15 07 15 15	15 23 15 26	15 50	16 13		
137	Castelnuovo del G.										16 06			
142	Peschiera del Garda		14 06		14 41		15 06		per					
156	Desenzano-Sirmione	13 48	14 16				15 16		München	15 47	16 16			
160	Lonato													
167	Ponte S. Marco-Calc.										10842			
184	BRESCIA {a p	14 05 14 07	14 35 14 38		15 05 15 07		15 35 15 38			16 05 16 07	16 35 16 38	2 cl. 17 00 17 08			
195	Ospitaletto-Travagliato													
201	ROVATO		14 50				15 50				16 50	17 20		
207	Chiari		14 56				15 56				16 56	17 26		
214	Calcio											17 32		
221	Romano		15 06				16 06				17 06	17 38		
225	Morengo-Bariano											17 43		
230	Vidalengo											17 48		
234	TREVIGLIO {a p		15 14 15 16				16 14 16 16				17 14 17 16	17 5 17 5		
240	Cassano d'Adda											18 (		
242	Trecella											18 1		
247	Melzo											18 1		
251	Vignate											18 1		
254	Pioltello-Limito											18 1		
263	Milano Lambrate ...a		15 36				16 36				17 36	1		
–	Milano Greco Pirelli ...a													
–	Milano P. Garibaldi ...a													
267	MILANO C. ...a	14 55	15 45		15 55		16 45			16 55	17 45			

♦ Treno 60 - MONTEVERDI — Venezia-Milano-Domodossola-Brig-Gènève — Venezia-Domodossola-Bas
   Treno 86 - TIEPOLO — Venezia-Verona-Brennero-München.
   Treno 354 - CANALETTO — Venezia-Milano-Chiasso-Zürich. — I viaggiatori in possesso di biglietto per r
              zioni internazionali sono ammessi senza il pagamento del supplemento Intercity.
   Treno 622 - ALFIERI — Venezia-Milano-Torino.
   Treno 626 - TIGULLIO — Venezia-Milano-Genova-La Spezia.
   Treno 632 - CYGNUS — Venezia-Milano-Genova-Ventimiglia.

ALLA BIGLIETTERIA DELLA STAZIONE

☺ **DIALOGO N. 2**

▲ Qual è il prossimo treno per Milano?
▼ È l'Intercity (IC) delle 14:26.
▲ Devo pagare il supplemento rapido?
▼ Sì, vediamo... per una percorrenza di centocinquanta chilometri è di 7,00 euro in prima classe e di 4,00 euro in seconda classe.
▲ È obbligatoria la prenotazione?
▼ Per questo treno no.
▲ Bene, allora mi dia un biglietto per Milano, seconda classe, solo andata.
▼ Sono 10,00 euro... ma si affretti perché il treno è già arrivato al binario 6 e sta per partire.

IN TRENO

☺ **DIALOGO N. 3**

▲ Scusi, c'è un posto libero in questo scompartimento?
▼ Sì, è libero quello vicino al finestrino.
▲ Oh, bene. Anche lei va a Milano?
▼ Sì, per motivi di lavoro.
▲ Ci va spesso?
▼ Ogni lunedì.
▲ Sa dov'è la toilette?
▼ In fondo al corridoio, a sinistra.
▲ Grazie. Può tenere il posto occupato per me finché non ritorno?
▼ Certo signora, stia tranquilla.

✎ **13 - ORDINA E RISCRIVI**

1 - partire il sta si per treno affretti perché. ....
2 - scompartimento c'è questo in posto? ....
3 - al in corridoio toilette fondo la è. ....
4 - per tengo lei posto questo occupato. ....

Si dice

- ✔ **Qui** c'è il treno.
- ✔ **Qua** c'è il binario 7.
- ✔ **Là** c'è l'edicola.
- ✔ **Lì** ci sono le valigie.

Si dice

- ✔ **Sopra** i tavolini ci sono i bicchieri.
- ✔ **Di fianco** al bar c'è l'edicola.
- ✔ **Di fronte** al signore in piedi c'è una signora seduta.
- ✔ **Sotto** il tavolo di sinistra c'è un gatto nero.
- ✔ **Davanti** alla mamma ci sono i bambini.
- ✔ **Dentro** l'edicola c'è il giornalaio.
- ✔ L'albero è **a destra** dell'edicola.
- ✔ La valigia è **accanto** al tavolo.

14 - COMPLETA

(sopra, a sinistra, fuori, a destra, sotto, davanti, dietro)

1 - .... del bar e .... dell'albero c'è l'edicola.
2 - .... ai bambini c'è la mamma.
3 - I bambini sono .... l'ombrello.
4 - Le strisce pedonali sono .... al bar.
5 - .... del bar ci sono due tavolini.
6 - I tavolini sono .... il marciapiede.

LA BICICLETTA

- la leva del freno
- il campanello
- il manubrio
- il sellino
- il fanale anteriore
- il portapacchi
- il parafango
- il fanale posteriore
- la dinamo
- il raggio
- la ruota
- il pedale
- la valvola
- il carter
- la pompa

REGOLE DI CIRCOLAZIONE

✔ I ciclisti devono procedere in fila e non affiancati.

✔ I ciclisti devono reggere il manubrio almeno con una mano.

✔ I ciclisti non possono farsi trainare da un altro veicolo.

✔ I ciclisti non possono trainare veicoli o animali.

✔ La bicicletta deve avere freni, fanali e campanello funzionanti.

✔ I ciclisti non possono trasportare altre persone.

LA MACCHINA

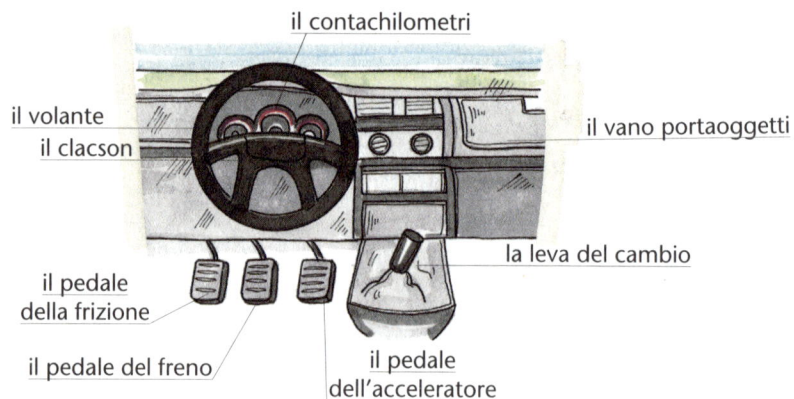

AL DISTRIBUTORE DI BENZINA

✔ Buongiorno, mi fa il pieno di **benzina**?

✔ Aggiunga anche un po' d'acqua al **radiatore**, grazie!

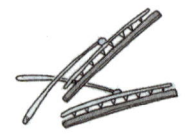

✔ Vorrei dei **tergicristalli** nuovi, me li può cambiare?

✔ Può controllare la pressione delle **gomme**?

✔ Per favore, mi controlla l'**olio**?

✔ Mi dà una pulita ai **vetri**, per piacere?

DAL MECCANICO

✔ La **batteria** è scarica, bisogna cambiarla.

✔ Il **radiatore** perde.

✔ Le **candele** sono da cambiare.

✔ Si sente un **rumore** strano.

✔ C'è un **guasto** al motore.

✔ Ho una **gomma** a terra.

✔ La macchina non si mette in moto.

✔ Mi può fare un **preventivo**?

I documenti dell'automobilista

✔ La **patente di guida**. Viene rilasciata dopo un esame di teoria e di guida a partire dall'età di 18 anni.
✔ Il **libretto di circolazione** o la **carta di circolazione**.
✔ Il certificato di **assicurazione** obbligatoria.
✔ Il certificato di proprietà o **foglio complementare**.
✔ Il certificato di pagamento della **tassa automobilistica** (**bollo**) annuale.

✎ 15 - Vero o falso?

	V	F
1 - La patente in Italia si può prendere a sedici anni.	V	F
2 - L'assicurazione è obbligatoria.	V	F
3 - La tassa automobilistica si paga ogni cinque anni.	V	F
4 - Si può viaggiare in macchina senza il libretto di circolazione.	V	F
5 - Il foglio complementare è il certificato di proprietà.	V	F

PRENOTARE UN VIAGGIO IN AEREO

😊 DIALOGO N. 4

HO PRENOTATO UN POSTO SUL VOLO...

▲ Buongiorno, ho prenotato un posto sul volo charter per Heraklion del 3 luglio, in partenza da Bologna. Vorrei una conferma.
▼ Mi dica il suo nome, prego.
▲ Gianni Forlati.
▼ Bene. Il decollo da Borgo Panigale è confermato per le ore 17 e dieci.
▲ A che ora devo presentarmi per il check-in?
▼ Due ore prima, alle 15 e dieci.
▲ Per che ora è previsto l'arrivo a Heraklion?
▼ Per le 20 e venti, ora locale.
▲ E il biglietto?
▼ Lo potrà ritirare due ore prima della partenza, all'aeroporto di Bologna, al banco assistenza della nostra agenzia.

ALL'AEROPORTO

QUANTI BAGAGLI HA?

😊 DIALOGO N. 5

▲ Mi dia i suoi documenti, prego.
▼ Ecco il biglietto dell'aereo e la carta d'identità.
▲ Bene. Quanti bagagli ha?
▼ Una valigia grande e uno zaino da portare a mano. È possibile?
▲ Sì, se non pesa più di cinque chili.
▼ A quale cancello devo presentarmi per la partenza?
▲ Al cancello n. 16, ma prima deve passare al controllo della dogana. Ecco la sua carta d'imbarco. Buon viaggio!

INDICATIVO PRESENTE CON VALORE DI FUTURO		
io	parto	domani
tu	parti	il mese prossimo
Pablo	parte	fra una settimana
noi	partiamo	questa sera
voi	partite	tra poco
i nostri amici	partono	dopodomani
STARE PER...		
io	sto per	andare via
tu	stai per	uscire di casa
Sika	sta per	prendere il treno
Anna e io	stiamo per	salire sull'autobus
tu e Marco	state per	attraversare la strada
i bambini	stanno per	tornare da scuola

I TRASPORTI

16 - TRASFORMA

1 - <u>Esco</u> per andare al cinema.
→ *Sto per uscire* per andare al cinema.

2 - Partiamo per un viaggio.
→ ....
....

3 - Ivo e Sara vengono da te.
→ ....
....

4 - Amir torna a casa.
→ ....
....

5 - Tu prendi il treno.
→ ....
....

6 - Vado al supermercato.
→ ....
....

Si dice

✔ Mi sono messo in viaggio alle 6.
✔ Sono in viaggio da tre ore.
✔ Farò un viaggio in Cina.
✔ Hai fatto un buon viaggio?
✔ Com'è andato il viaggio?
✔ Domani parto per un viaggio in Kenia.
✔ Luca e Ada sono in viaggio di nozze.
✔ John è in viaggio di lavoro.

Unità 6: I servizi

L'UFFICIO POSTALE

il modulo di conto corrente postale
il bollettino per i versamenti

il vaglia postale

il modulo per la raccomandata

il furgone postale

il postino

lo sportello

la coda
la fila

l'impiegata postale

la cassetta postale
la buca delle lettere

ALL'UFFICIO POSTALE

😊 Dialogo n. 1

- ▲ Buongiorno, vorrei spedire una lettera raccomandata e ritirare un pacco.
- ▼ Bene. Per la raccomandata deve compilare questo modulo.
  Vuole anche la ricevuta di ritorno?
- ▲ No. Grazie. Non mi serve.
- ▼ Potrei vedere l'avviso per ritirare il pacco?
- ▲ Purtroppo l'ho dimenticato a casa.
- ▼ Allora io non posso consegnare il pacco.

😊 Dialogo n. 2

- ▲ Prego, signora, tocca a lei.
- ▼ Dovrei mandare dei soldi a mio figlio in Francia.
- ▲ Vuole spedire un vaglia?
- ▼ Non so. Non sono molto pratica. Lei cosa dice?
- ▲ Sì. È la cosa migliore. Ecco il modulo da riempire.
- ▼ Oh, ma non capisco niente. Mi potrebbe aiutare lei, per favore?

✎ 1 - Completa

(il bollo, l'abbonamento, lettere raccomandate, pazienza, una coda, un pacco)

Anche stamattina all'Ufficio Postale c'è .... lunghissima. Devo spedire .... e ritirare delle ....
Poi devo pagare .... dello scooter e ....
alla rivista 'Arte 3'. Ci saranno almeno quindici persone davanti a me: devo avere molta ....!

6 — I SERVIZI

LA BANCA

il versamento

gli sportelli bancari

il prelievo

lo sportello bancomat

la carta di credito
il numero della carta
il titolare della carta
la scadenza

il bancomat
il nome della banca

l'assegno circolare

l'assegno bancario
il luogo e la data di emissione
l'importo
il numero di conto corrente
il nome della banca
il beneficiario
la firma del titolare del conto corrente

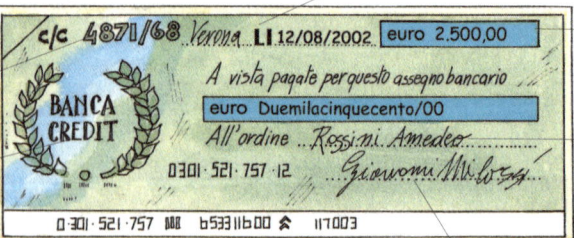

IN BANCA

🙂 DIALOGO N. 3

▲ Buongiorno. Dica!
▼ Vorrei versare questo assegno sul mio conto corrente.
▲ Va bene, ma non è intestato.
▼ Cosa vuol dire?
  Me lo può spiegare, per cortesia?
▲ Certamente. Vuol dire che se l'assegno è per lei, qui deve esserci il suo nome.
▼ Lo scrivo subito. Va bene adesso?
▲ No, non ancora. L'assegno non è girato.
▼ Povera me! Cosa devo fare?
▲ Semplicemente firmare dietro dove è scritto GIRATE.
▼ Capisco. Mi scusi, ma sa, è la prima volta.

✏️ 2 - VERO O FALSO?

Francisco e Carmen sono arrivati in Italia cinque anni fa. Hanno trovato una casa in affitto e un lavoro e poi hanno fatto venire anche i loro due figli. Ora vorrebbero acquistare un appartamento, ma i loro soldi non bastano. Andranno in banca per chiedere un mutuo. Lo pagheranno in quindici anni, con delle rate mensili.

1 - Francisco e Carmen sono venuti in Italia alcuni anni fa.	V	F
2 - Hanno affittato una casa.	V	F
3 - Sono senza lavoro.	V	F
4 - Chiederanno un mutuo per comprare la macchina.	V	F
5 - Pagheranno quindici rate mensili.	V	F

6 I SERVIZI

LA TABACCHERIA

la tabaccaia

un pacco di sale grosso

il sale fino

i valori bollati:
la marca da bollo
la carta bollata
il francobollo

l'accendino

un pacchetto di sigarette

i sigari

i fiammiferi

la carta da lettere

la cartolina illustrata

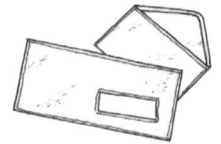

le buste per lettera

il biglietto della lotteria

il biglietto dell'autobus

IN TABACCHERIA

☺ Dialogo n. 4

▲ Desidera?
▼ Vorrei un pacchetto di sigarette e una scatola di fiammiferi.
▲ Che marca di sigarette vuole?
▼ Non so. Non sono per me.
  Mi dia le più leggere.
▲ Queste andranno bene.
  Ecco i fiammiferi. Nient'altro?
▼ No, grazie. Va bene così.

☺ Dialogo n. 5

▲ Per favore, vai dal tabaccaio per me?
▼ Sì, dimmi che cosa ti serve.
▲ Compera un francobollo da 41 centesimi e spedisci questa lettera!
▼ D'accordo! Ora vado.
▲ Fai presto, corri! Il tabaccaio sta per chiudere il negozio!

IMPERATIVO	
1ª coniugazione COMPER-ARE	
Compera (tu)	il francobollo
Comperi (lei)	i giornali
Comperiamo (noi)	i fiammiferi
Comperate (voi)	i quaderni
Comperino (loro)	un garage
2ª coniugazione CORR-ERE	
Corri (tu)	a casa
Corra (lei)	più forte
Corriamo (noi)	via di qui
Correte (voi)	da quella parte
Corrano (loro)	subito fuori
3ª coniugazione SPED-IRE	
Spedisci (tu)	un vaglia
Spedisca (lei)	quelle lettere
Spediamo (noi)	subito tutto
Spedite (voi)	una cartolina
Spediscano (loro)	il pacco a me

✎ 3 - Coniuga

Fatima, per cortesia, quando esci (portare) *porta* fuori la spazzatura, (accompagnare) .... il cane al parco e (comperare) .... il pane. (passare) .... anche dal tabaccaio, (prendere) .... un francobollo e (spedire) .... questa lettera.
(Andare) .... anche in banca: (pagare) .... le spese condominiali e (chiedere) .... il saldo del conto corrente.

LA SCUOLA

gli organi collegiali

gli esami

i compiti

La scuola in Italia

Scuola materna
3-5

Scuola primaria
6-10

Scuola secondaria di 1° grado
11-13

Scuola secondaria di 2° grado
14-18

Università
19-23

A SCUOLA

 **Dialogo n. 6**

▲ Ragazzi basta! Fate silenzio!
  Tenete la bocca chiusa!
▼ Va bene, professoressa.
▲ Tom, vieni alla lavagna.
  Scrivi il presente del verbo essere.
▼ Mmm ... io esso ... tu essi ...
▲ Tom! Non hai studiato la lezione, vero?
  Prendi il libro, vai a pagina cinquantacinque e leggi.
▼ Io sono, tu sei, lui è ... non lo ricordavo proprio.

 **Dialogo n. 7**

▲ State zitti! Non disturbate mentre il professore spiega.
▼ Sii più gentile quando parli con me, per piacere.
▲ Ma non capisco la lezione. Parlate sottovoce.
▼ Sappi che non stiamo chiacchierando.
  Mirco mi aiuta nei compiti!
  Se ti disturbiamo, vai vicino alla cattedra.
▲ D'accordo. Ma stasera paghi da bere per tutti.

IMPERATIVO - Essere, Avere, Verbi irregolari						
Essere	**Avere**	**Fare**	**Andare**	**Venire**	**Dare**	
sii	abbi	fa'	va'	vieni	da'	(tu)
sia	abbia	faccia	vada	venga	dia	(lei)
siamo	abbiamo	facciamo	andiamo	veniamo	diamo	(noi)
siate	abbiate	fate	andate	venite	date	(voi)
siano	abbiano	facciano	vadano	vengano	diano	(loro)

✏ 4 - Trasforma

1 - Abbia pazienza. → *Abbiate pazienza.*
2 - Faccia attenzione. → ....
3 - Venga qui subito. → ....
4 - Dica tutta la verità. → ....
5 - Guidi con prudenza. → ....
6 - Dia una mano a Kofi. → ....
7 - Beva qualcosa con noi. → ....
4 - Sia forte. → ....

DAL GIORNALAIO

 DIALOGO N. 8

▲ Scusi, ha l'ultimo numero di 'Airone'?
▼ No, non è ancora arrivato.
▲ Posso prenotarlo?
▼ Sì.
▲ Mi avvisa quando arriva?
▼ Certamente. E il quotidiano? Non lo vuole?
▲ Ah già, che distratta! Lo stavo dimenticando.

	PRONOMI PERSONALI COMPLEMENTO DIRETTO		
MI	**Mi** chiami stasera? Chiama**mi** domani.	CI	Non chiamar**ci** troppo tardi. **Ci** hanno visto.
TI	**Ti** chiamo dopo. Devo veder**ti** subito.	VI	**Vi** invito a cena. Non volevo spaventar**vi**.
LO/LA	Chiara non ha la macchina; accompagna**la** tu, per piacere. Mio fratello vive a Firenze e non **lo** vedo spesso	LI/LE	**Le** conosci bene, quelle ragazze? Ho buttato tutti i fogli senza nemmeno guardar**li**.

 5 - RISPONDI

1 - Puoi aspettarmi?   Sì, ti aspetto.
2 - Ci capisci?   No, non ....
3 - Mi senti?   Sì, ...
4 - Avete visto Ada?   No, non l'abbiamo vista.
5 - Vedi Giorgio e Luca oggi? No, non ....
6 - Inviti Maria e Alice alla festa? Sì, ...
7 - Hai fatto l'esercizio?   Sì, ...
8 - Ascoltate il professore?   Sì, ...
9 - Ricordi la lezione?   No, non ....
10 - Avete studiato i verbi?   Sì, ...

DIALOGO N. 9

HO INCONTRATO ANNA...

IMPERATIVO - FORMA NEGATIVA		
AVERE		
non avere	(tu)	paura
non abbia	(lei)	fretta
non abbiamo	(noi)	incertezze
non abbiate	(voi)	vergogna
non abbiano	(loro)	timore
ESSERE		
non essere	(tu)	triste
non sia	(lei)	arrabbiato/a
non siamo	(noi)	imprudenti
non siate	(voi)	egoisti/e
non siano	(loro)	pessimisti/e
DIMENTICARE		
non dimenticare	(tu)	la spesa
non dimentichi	(lei)	le chiavi
non dimentichiamo	(noi)	il giornale
non dimenticate	(voi)	il cane
non dimentichino	(loro)	la promessa

▲ Ho incontrato Anna dal giornalaio.
Ci ha invitato a cena questa sera.
▼ Oh, bene. Sono contento di vederla.
E il giornale? L'hai comprato?
▲ Eccolo! Tieni.
▼ Grazie, sei gentile.
Voglio leggerlo prima di uscire.
▲ Non dimenticare che alle 10 devi essere dal medico.
▼ Non aver paura, sarò puntuale.

Si dice

PER CHIEDERE
✔ Scusi, può darmi un'informazione?
✔ Per piacere mi dai una mano?
✔ Per favore potresti ascoltarmi?
✔ Per cortesia sa dirmi l'ora?
✔ Può aiutarmi, per piacere?

PER RINGRAZIARE
✔ Grazie!
✔ Molte/Tante/Mille grazie!

PER RISPONDERE AI RINGRAZIAMENTI
✔ Prego!
✔ Non c'è di che!
✔ Si figuri!
✔ È stato un piacere!

6

ALL'ANAGRAFE

 DIALOGO N. 10

▲ Cambierò casa il prossimo giugno. Cosa devo fare?
▼ Deve richiedere il cambio di residenza. Compili questo modulo.
▲ Tutto qui?
▼ No. Aspetti nei prossimi giorni la visita dei vigili. Se tutto è in regola, avrà il nuovo certificato.
▲ Ho capito. Basta così?
▼ No, no. Questo è solo l'inizio. Dovrà cambiare la residenza sulla carta d'identità, sulla patente, su tutti i documenti.
▲ Ma ho già tanto da fare con il trasloco!
▼ E si ricordi del nuovo contratto per la luce, l'acqua, il gas, il telefono.

CAMBIERÒ CASA IL PROSSIMO GIUGNO

Si dice

PREPOSIZIONI SEMPLICI: DI, A, DA, IN, CON, SU, PER, TRA, FRA

DI
✔ **Di** sera non esco.
✔ Ho un anello **d'**oro.
✔ Mi parli **di** te?

A
✔ È meglio che tu vada **a** casa.
✔ In dicembre torno **a** Casablanca.
✔ Spedisci questa lettera **a** Luca.

DA
✔ Veniamo **da** Tirana.
✔ Non lo vedo **da** tre mesi.
✔ Dove sono le tue scarpe **da** tennis?
✔ Cenate **da** noi stasera!

IN
✔ Perché sei **in** Italia?
✔ **In** aprile scade la sua patente.
✔ Vado a Roma **in** treno.

CON
✔ Veniamo in vacanza **con** te.
✔ Parlami **con** gentilezza!
✔ Partiranno **con** l'aereo.

SU
✔ Scriva **su** questo modulo!
✔ Ho letto un libro **su** Gandhi.
✔ È un vestito fatto **su** misura.

PER
✔ Un regalo **per** te!
✔ Passiamo **per** Piazzale Roma.
✔ **Per** maggio avrò finito il lavoro.
✔ **Per** colpa tua ho perso il treno.

TRA/FRA
✔ Parto **fra** tre giorni.
✔ Il mio paese è **tra** Firenze e Pisa.
✔ **Tra** di noi c'è grande affetto.

I CERTIFICATI ANAGRAFICI

- La **carta d'identità** è un documento di riconoscimento.
- Il **certificato di nascita** dice quando e dove è nata una persona.
- Il **certificato di residenza** dice in quale luogo abita una persona.
- Lo **stato di famiglia** dice quali sono le persone che fanno parte della famiglia.

	IL	I	LO/L'	GLI	LA/L'	LE
			PREPOSIZIONI ARTICOLATE			
DI	del	dei	dello/dell'	degli	della/dell'	delle
A	al	ai	allo/all'	agli	alla/all'	alle
DA	dal	dai	dallo/dall'	dagli	dalla/dall'	dalle
IN	nel	nei	nello/nell'	negli	nella/nell'	nelle
CON	col	coi	--	--	--	--
SU	sul	sui	sullo/sull'	sugli	sulla/sull'	sulle

- ✔ Gli uffici **dell'**anagrafe sono chiusi.
- ✔ Mi piace il colore **delle** sue scarpe.
- ✔ Questa borsa è **della** zia.
- ✔ Ho sentito il canto **degli** uccelli.

- ✔ Devi tornare **all'**ingresso.
- ✔ Porto un regalo **ai** miei nonni.
- ✔ Vado **al** cinema.
- ✔ Scrivo **agli** amici di scuola.

- ✔ Prendo un vestito **dall'**armadio.
- ✔ Andiamo **dai** nonni.
- ✔ Ho saputo la notizia **dal** vicino.
- ✔ Sono andato via presto **dalla** festa.

- ✔ **Nella** nostra scuola c'è molta luce.
- ✔ Mi laureo **nel** mese di giugno.
- ✔ Guardami **negli** occhi!
- ✔ Metti troppe cose **nell'**armadio.

- ✔ È uscito **col** cane.
- ✔ Litiga sempre **coi** suoceri.

- ✔ Metta la firma **sulla** sua dichiarazione.
- ✔ **Sui** prati c'è ancora la neve.
- ✔ Gli piace andare **sulle** giostre.
- ✔ Abbiamo fatto una ricerca **sul** cinema italiano.

IN QUESTURA

☺ **DIALOGO N. 11**

▲ Dica, signore... sto chiamando lei!
▼ Ah... me? Scusi, ero distratto... Vorrei rinnovare il mio permesso di soggiorno.
▲ Per quale motivo è in Italia?
▼ Sono venuto per turismo, ma adesso resto per motivi di lavoro.
▲ Lavora in regola? Ha i documenti a posto?
▼ Sì. E vorrei far venire anche mia moglie.
▲ Allora deve fare richiesta di ricongiunzione familiare.
▼ Quanto dovrò aspettare?
▲ Per il suo permesso le rilascio la ricevuta. Torni fra venti giorni. Per sua moglie la pratica è più lunga.

 6 - SCEGLI

1 - Il signore è venuto in Italia ...
a - per motivi di lavoro.
b - per ricongiungimento.
c - per turismo.

2 - Vuole rinnovare ...
a - il permesso di soggiorno.
b - la carta d'identità.
c - il passaporto.

3 - Chiede la ricongiunzione familiare con ...
a - la moglie.
b - i figli.
c - il marito.

4 - Il suo permesso di soggiorno sarà pronto ...
a - in venti minuti.
b - insieme a quello della moglie.
c - in venti giorni.

Si dice

✔ Cerchi **me**?

✔ Sì, cerco **te**.

✔ Sto chiamando **lei**!

✔ La professoressa ha interrogato proprio **noi**.

✔ Prima ascoltiamo **voi**, poi sentiremo **loro**.

PAGARE I SERVIZI

☺ DIALOGO N. 12

▲ Paul, è arrivata la bolletta del telefono!
▼ Ah, sì? E quanto dobbiamo pagare?
▲ 149,00 euro!
▼ È una cifra troppo alta per noi!
 Qual è la scadenza per il pagamento?
▲ Il 17 maggio.
▼ Beh, d'ora in poi, Mary, cerchiamo di fare meno telefonate.

☺ DIALOGO N. 13

▲ Sara, guarda questa lettera!
▼ Che cos'è, Roberto?
▲ È un avviso dell'azienda del gas. Dice che non abbiamo pagato la bolletta del mese scorso.
▼ Possibile?
▲ Eh, sì, ci siamo dimenticati.
 Adesso dovremo pagare gli interessi di mora.
▼ Che cosa sono?
▲ Una multa per il ritardo nel pagamento.

✎ 7 - COMPLETA

(con, del, del, dell', fra, nel, per, per)

1 - Non ho pagato la bolletta ………… telefono.
2 - C'è un avviso ………. azienda del gas.
3 - Questo è un regalo ………. te.
4 - È una multa ………. il ritardo ………. pagamento.
5 - Vieni al cinema ………. noi?
6 - La scadenza ………. pagamento è ………. tre giorni.

✎ 8 - SCEGLI

1 - A Paul e Mary è arrivata…
 a - una bolletta del gas molto alta.
 b - la bolletta del telefono.
 c - la bolletta della luce.

2 - Sara e Roberto devono pagare…
 a - la bolletta della luce.
 b - gli interessi sul mutuo.
 c - una multa sulla bolletta del gas.

UNITÀ 7: GLI ACQUISTI

Il centro commerciale

Il supermercato

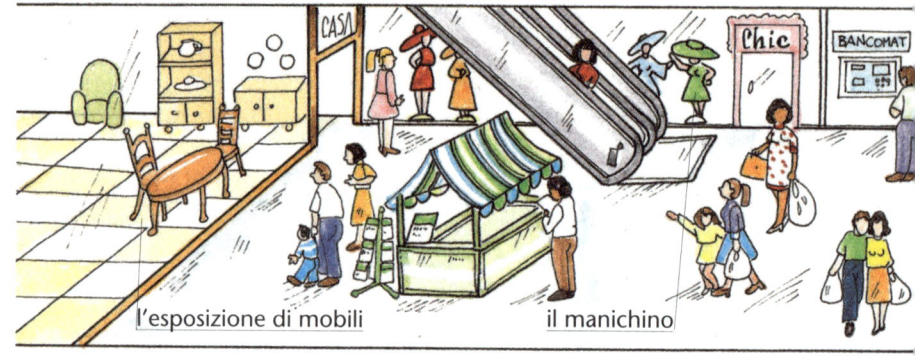

I negozi

i negozi di generi alimentari: panificio, latteria, frutta e verdura, macelleria

i negozi per l'abbigliamento: boutique, merceria, calzature, intimo, tessuti

DOVE SI FANNO GLI ACQUISTI

l'erboristeria — la cartoleria — la libreria

la cassa — il carrello — l'espositore — lo scaffale

la vetrina — l'insegna

i negozi per la casa: casalinghi, mobilificio, ferramenta, elettrodomestici

i negozi per la macchina: autosalone, autoricambi

IN UN NEGOZIO DI ABBIGLIAMENTO

😊 DIALOGO N. 1

▲ Prego, desidera?
▼ Vorrei provare una gonna come quella in vetrina.
▲ Questa?
▼ No, quell'altra.
▲ Che taglia porta?
▼ La taglia 46.
▲ Ecco, guardi... questa gonna è rossa come quella in vetrina, questa invece ha la stessa linea, ma è di tessuto fantasia. Quale preferisce?
▼ Quella rossa. Posso provarla?
▲ Sì, là c'è il camerino.

Le taglie

Inglesi	6	8	10	12	14	16	18	20	22
Italiane	38	40	42	44	46	48	50	52	54

AGGETTIVI DIMOSTRATIVI				
	QUESTO		QUELLO	
	MASCHILE	FEMMINILE	MASCHILE	FEMMINILE
SINGOLARE	questo calzino	questa gonna	quel vestito quello stivale quell'ago	quella sciarpa quell'occasione
PLURALE	questi calzini	queste gonne	quei vestiti quegli stivali quegli aghi	quelle sciarpe quelle occasioni

DIALOGO N. 2

▲ La gonna mi va bene,
ma vorrei anche una camicetta.
▼ Preferisce questa a fiori
o questa gialla?
▲ Ho già una camicetta come questa
a fiori. Vorrei cambiare un po'.
▼ Allora prenda quella gialla.
▲ Va bene. Quanto costa?
▼ 25,00 euro.
▲ È un po' cara. Vorrei spendere meno.
▼ Mi dispiace, ma non abbiamo
camicette a prezzo inferiore. Se vuole aspettare, tra quindici giorni
ci sono i saldi di fine stagione.
▲ Bene, allora aspetto.

I capi di abbigliamento

una gonna a scacchi

un vestito
nero da sera

una felpa azzurra

una tuta da ginnastica

una giacca blu
doppio petto

un maglione di lana verde

una camicia a righe

un paio di pantaloni
grigi tinta unita

✎ 1 - Vero o falso?

	V	F
1 - La signora ha voglia di cambiare.	V	F
2 - La signora vorrebbe una camicetta meno cara.	V	F
3 - La signora compra la camicetta.	V	F
4 - Ci sono i saldi tra quindici giorni.	V	F

LE BANCONOTE E LE MONETE

I numeri dal 100 in poi

100	cento	130	centotrenta	30.000	trentamila
101	centouno	140	centoquaranta		....
102	centodue	150	centocinquanta	31.000	trentunomila
103	centotre	150	....	32.000	trentaduemila
	....	200	duecento	33.000	trentatremila
110	centodieci	300	trecento		....
111	centoundici	400	quattrocento	100.000	centomila
112	centododici	500	cinquecento	200.000	duecentomila
113	centotredici		....	300.000	trecentomila
	....	1.000	mille		....
120	centoventi	2.000	duemila	1.000.000	un milione
121	centoventuno	3.000	tremila	2.000.000	due milioni
122	centoventidue		....	3.000.000	tre milioni
123	centoventitré	10.000	diecimila		....
	....	20.000	ventimila	1.000.000.000	un miliardo

✎ 2 - Collega

1 - Trentaquattromilacinquecento   a - 321
2 - Centosettantamiladue   b - 5.300
3 - Cinquemilatrecento   c - 170.002
4 - Cinquecentomilaventidue   d - 6.200.000
5 - Sei milioni duecentomila   e - 500.022
6 - Trecentoventuno   f - 34.500

MODALITÀ DI PAGAMENTO

Pagare a rate
✔ *Questo divano costa 1.030 euro. Può pagare in dieci rate mensili.*
Bene, 103 euro al mese non sono troppi per me.

Pagare con il bancomat
✔ *Non ho contanti. Posso pagare con il bancomat?*
Sì, digiti il numero del PIN.

Dare un acconto e saldare un conto
✔ *Ecco il suo computer. Lei ha dato un acconto di 51 euro.*
Il totale è 1.550 euro.
Allora, per saldare il conto le devo 1.499 euro.

Pagare in contanti
✔ *Quanto costa questa lavatrice?*
410 euro, ma se paga in contanti c'è uno sconto del 5%.

Si dice

✔ Ai nostri clienti facciamo dei prezzi di favore.

✔ I costi di produzione della frutta sono bassi, ma i costi di distribuzione sono alti.

✔ Quest'anno il costo della vita è aumentato.

✔ Nel negozio c'è il prezzo fisso: non si fanno sconti.

✔ Per questa automobile non deve pagare altro. Questo è il prezzo su strada, chiavi in mano.

✔ Questa camicetta costa molto / è cara / ha un prezzo alto.

✔ Questa camicetta costa poco / è economica / ha un buon prezzo.

LE CALZATURE

✔ Preferisci le scarpe con il tacco alto o basso?

✔ Preferisci la suola di gomma o di cuoio?

✔ Preferisci una scarpa con i lacci o senza?

INDICATIVO PRESENTE - VERBI IN -ISC-O	
io prefer-**isco**	i sandali
tu prefer-**isci**	le scarpe nere
lui/lei prefer-**isce**	gli stivali di pelle
noi prefer-**iamo**	le ciabatte
voi prefer-**ite**	gli scarponi di cuoio
loro prefer-**iscono**	le pantofole di tessuto

Attenzione

preferire	→	preferisco
colpire	→	colpisco
finire	→	finisco
spedire	→	spedisco
capire	→	capisco
pulire	→	pulisco
stabilire	→	stabilisco

IMPERATIVO - VERBI IN -ISC-O	
pul-**isci** (tu)	le tue scarpe
pul-**isca** (lei)	la sua stanza
pul-**iamo** (noi)	la nostra camera
pul-**ite** (voi)	i vetri della finestra
pul-**iscano** (loro)	il pavimento di casa

✎ 3 - CONIUGA

1 - Voi che cosa (preferire) *preferite* fare questa sera?
2 - Io non (capire) .... tutte le parole.
3 - (Spedire) .... tu la lettera o la (spedire) .... io?
4 - Questa storia (finire) .... bene.
5 - Ada e Gino (finire) .... di lavorare alle 18.
6 - Maria (preferire) .... restare a casa perché è stanca.
7 - Tu (capire) .... questo problema?
8 - Noi (finire) .... di studiare.

IN UN NEGOZIO DI TESSUTI

😊 DIALOGO N. 3

▲ Mi fa il conto?
▼ Due metri di seta a 20,00 euro il metro, due metri di fodera a 2,50 euro il metro. Sono 45,00 euro in tutto.
▲ Eccole 50 euro.
▼ A lei il resto e lo scontrino.
▲ Grazie. Buongiorno.
▼ Signora, ha dimenticato i 5,00 euro di resto!

Unità di misura lineare

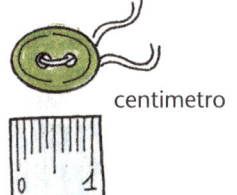
centimetro

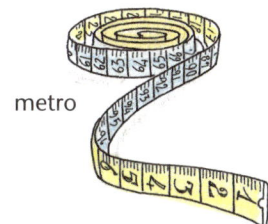
metro

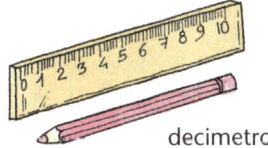
decimetro

✏️ 4 - SOSTITUISCI

1 - Vorrei un metro di elastico alto <u>due</u> (2) centimetri.
   Desidera qualcos'altro?
   No, grazie. Quant'è?
   Due euro e cinquanta centesimi (..............................).

2 - Qual è il prezzo di questi cinque (....................) metri di stoffa?
   Venticinque (....................) euro.

3 - Quanto costa questo maglione taglia quarantotto (....................)?
   Costa cinquantaquattro (....................) euro.

4 - Sa dirmi il prezzo di queste scarpe numero trentasette (....................)?
   Costano centotrentadue (....................) euro.

IN MERCERIA

la spilla di sicurezza

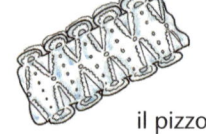
il pizzo

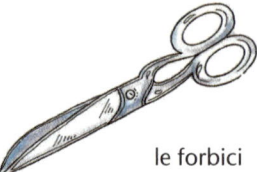
le forbici

il nastro

i ferri da maglia

l'ago per cucire

il ditale

il rocchetto di filo di cotone

il gomitolo di lana

i bottoni

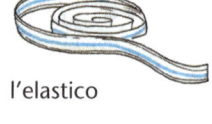
l'elastico

l'uncinetto

la matassina di filo da ricamo

la cerniera

Articolo partitivo		
del	→	del filo
dello	→	dello spago
della	→	della lana
dei	→	dei bottoni
degli	→	degli aghi
delle	→	delle stoffe

VORREI UN PAIO DI FORBICI

☺ **Dialogo n. 4**

▲ Vorrei un paio di forbici.
▼ Certo. Quali preferisce?
▲ Quelle piccole.
▼ Eccole. Desidera altro?
▲ Degli aghi e del filo da ricamo.
▼ Questi sono gli aghi. Il filo... di quale colore?
▲ Una matassina rosa e una bianca.

DAL FERRAMENTA

😊 DIALOGO N. 5

▲ Devo tinteggiare il mio appartamento. Mi dia della tempera lavabile bianca.
▼ Le servono anche dei pennelli?
▲ Sì, me ne dia un paio.
▼ Basta così?
▲ No, vorrei anche dello stucco, dei chiodi di varie misure e dei tappi a pressione.
▼ Vuole altro?
▲ No, grazie... ah, dimenticavo, ho bisogno anche di un martello e una pinza.

il rullo

il martello

Si dice
- ✔ **Dei** chiodi / **un po'** di chiodi / **alcuni** chiodi.
- ✔ **Delle** viti / **un po'** di viti / **alcune** viti.
- ✔ **Dello** stucco / **un po'** di stucco.
- ✔ **Del** solvente / **un po'** di solvente.
- ✔ **Della** vernice / **un po'** di vernice.

il chiodo

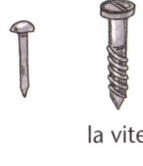
il cacciavite

la vite

le pinze

il pennello

il barattolo di colore

il tappo a pressione

5 - TRASFORMA

1 - Un po' di vernice ➔ *della vernice*
2 - Un po' di colore   ➔ ....
3 - Un po' di tempera ➔ ....
4 - Un po' di stucco   ➔ ....
5 - Un po' di viti   ➔ ....
6 - Un po' di chiodini ➔ ....
7 - Un po' di bulloni ➔ ....
8 - Un po' di solvente ➔ ....

I CONTENITORI

una scatola di detersivo

una lattina di birra

un vasetto di stucco

un tubetto di dentifricio

un secchio di tempera

un sacchetto di caramelle

una bottiglia di acqua

un pacchetto di fiammiferi

6 - COMPLETA

(*bottiglia, lattina, pacco, scatola, scatolina, vasetto*)

1 - Una .... di cioccolatini.
2 - Una .... di aranciata.
3 - Un .... di crema per il viso.
4 - Una .... di cerotti.
5 - Una .... di olio.
6 - Un .... di zucchero.

ALL'AUTOSALONE

l'occasione
l'agente di vendita
l'auto di seconda mano

DIALOGO N. 6

▲ Ho visto in esposizione una macchina azzurra di seconda mano.
▼ Certo. È una vera occasione. Ha avuto un solo proprietario e ha fatto quarantacinquemila chilometri. Vuole vederla?
▲ Sì, grazie.
▼ Guardi! È in ottime condizioni.
▲ Posso pagare a rate?
▼ Sì, può scegliere di pagare in dieci o venti rate mensili. Naturalmente cambia il tasso d'interesse.
▲ La ringrazio. Vorrei pensarci e tornare con mio marito.

È UNA VERA OCCASIONE

I colori

bianco — nero — rosso
giallo — azzurro — grigio — verde

7 - VERO O FALSO?

	V	F
1 - La signora è interessata a un'auto nuova.	V	F
2 - L'auto ha avuto un solo proprietario.	V	F
3 - L'auto ha fatto cinquantacinquemila chilometri.	V	F
4 - È possibile pagare a rate.	V	F

Unità 8: L'alimentazione

I PASTI TRADIZIONALI DELLA FAMIGLIA ITALIANA

Ore 7,30 – Prima colazione

caffè

caffellatte o cappuccino

tè

biscotti
pane, burro e marmellata
fette biscottate e miele

Ore 13 – Pranzo

Primo piatto: pastasciutta

Secondo piatto: carne o pesce, contorno di verdura cruda o cotta   pane

Dolce: torta o gelato   *Frutta:* fresca di stagione   caffè

Ore 20 – Cena

Primo piatto: minestra con brodo di carne o verdura e legumi

Secondo piatto: uova, formaggio, salumi affettati, contorno di verdure

pane   *Frutta:* fresca di stagione   caffè

1 - SOTTOLINEA

Trova e sottolinea i nomi di cibi e bevande.
Quelli della pagina precedente sono pasti completi, ma le abitudini degli italiani a tavola sono spesso diverse. Poche persone consumano ogni giorno pasti così abbondanti: durante la settimana molti italiani mangiano un solo piatto, o il primo o il secondo. Invece per le feste in famiglia o quando ci sono ospiti si preparano anche un <u>antipasto</u> e un bel dolce. Le persone che, per motivi di lavoro rientrano a casa alla sera, spesso a pranzo mangiano un panino, un toast oppure una pizza. La mattina, inoltre, molti hanno l'abitudine di andare al bar a prendere un caffè o un cappuccino con la brioche. I bambini e i ragazzi fanno merenda nel pomeriggio con frutta, dolci o panini imbottiti.

✔ Faccio **colazione** con cappuccino e brioche

✔ A **pranzo** mangio una pizza

✔ A **merenda** mangio sempre un panino imbottito

2 - COMPLETA

(piatto, pasti, casa, secondo, pizza, brioche, merenda, bar)

1 - Ogni giorno in Italia i .... sono tre: colazione, pranzo e cena.
2 - Molte volte mangiamo un solo ...., o il primo o il ....
3 - Rientro a ...., la sera, dopo il lavoro.
4 - Spesso, quando non rientro a casa per pranzo, mangio una ....
5 - La mattina vado al .... e prendo un cappuccino con la ....
6 - Nel pomeriggio i bambini fanno .... con un po' di frutta.

3 - COLLEGA

1 - Quanti sono i pasti tradizionali in Italia?   a - No, solo in occasioni importanti.
2 - La prima colazione è dolce o salata?   b - Tre: colazione, pranzo, cena.
3 - Gli italiani mangiano ad ogni pasto il dolce?   c - Frutta, dolci o panini imbottiti.
4 - I bambini che cosa mangiano a merenda?   d - Un panino, un toast o una pizza.
5 - Che cosa mangia chi è fuori per pranzo?   e - Dolce.

GLI ALIMENTI

La carne

un pezzo di manzo da brodo

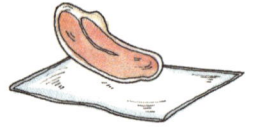
una fetta di prosciutto cotto

un petto di pollo

una bistecca di manzo

un pollo intero

un cosciotto di tacchino

due salsicce

Il pesce

la trota

il polpo

un trancio di salmone

i gamberetti

le cozze sgusciate

le vongole con il guscio

il tonno in scatola

Pane, pasta e...

la pasta

il riso

le fette biscottate

il pane bianco

una pagnotta di pane integrale

l'orzo

Le verdure

un cespo
di insalata

un mazzetto
di carote

un po'
di pomodori

due melanzane

una testa d'aglio

tre peperoni
verdi

una cipolla e mezza

delle patate

le zucchine con il fiore

una fetta di zucca

Si dice

- ✔ Capitare a fagiolo.
- ✔ Non aver sale in zucca.
- ✔ Avere il naso a patata.
- ✔ Un orologio a cipolla.
- ✔ Diventare rosso come un peperone.
- ✔ Un colore verde pisello.

I legumi

un sacchetto
di fagioli
o di ceci secchi

i piselli freschi

i fagioli freschi

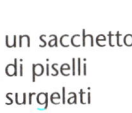
un sacchetto
di piselli
surgelati

La frutta

una mela

un grappolo di uva

una banana sbucciata

un cestino di fragole

una manciata di ciliegie

un'arancia
tagliata a metà

una fetta di anguria

una mezza pera

un limone intero

una pesca gialla

8 L'ALIMENTAZIONE

I latticini

 un litro di latte

 una fetta di formaggio gorgonzola

 una caciotta

 un pacchetto di formaggini

 uno spicchio di formaggio grana o parmigiano

 un panetto di burro

 una mozzarella

Le bevande

 una bottiglia di acqua minerale

 una lattina di aranciata

 un bicchiere di birra

 un litro di vino

 una spremuta d'arancia

 un succo di frutta

Si dice

- ✔ Prendere il caffè senza zucchero / amaro.
- ✔ Mettere un cucchiaino di zucchero nel caffè.
- ✔ Spalmare il burro sul pane.
- ✔ Bere un bicchiere di vino ai pasti.

I dolci

 una torta

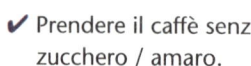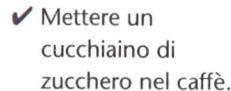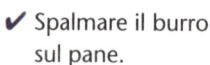 una tavoletta di cioccolato

 un vasetto di miele

 un pacco di biscotti

 un cucchiaio di zucchero

AVVERBI DI TEMPO
ieri - oggi - domani
presto - tardi
mai - sempre
raramente - di solito - spesso
(non) ancora - (non) più - già
prima - adesso/ora - dopo/poi

Attenzione

IERI
ieri mattina
ieri pomeriggio
ieri sera
ieri notte

OGGI
questa mattina/stamattina
questo pomeriggio
questa sera/stasera
questa notte/stanotte

DOMANI
domani mattina
domani pomeriggio
domani sera
domani notte

4 - COMPLETA

(fa, fra, prima, stasera, mai, sempre)

1 - Non mangio .... carne, perché sono vegetariano.
2 - .... festeggerò il mio compleanno con voi.
3 - Sono pronta .... dieci minuti. Aspettami!
4 - Siamo .... felici quando vieni a trovarci.
5 - Un mese .... ero ancora in Marocco.
6 - .... mi riposo un po', poi esco con te.

5 - ORDINA E RISCRIVI

1 - mai di hai zuppa mangiato la lenticchie?
....
2 - a sempre colazione una di spremuta bevo arancia.
....
3 - cucina mi italiana piace molto la.
....
4 - al raramente ristorante andiamo mangiare a.
....
5 - divertente in con andare è gli pizzeria amici.
....

Si dice

✔ **Fra** cinque minuti è pronta la cena.
✔ **Fra** un anno verremo in Italia.
✔ Poco **fa** ho chiamato Carlos
✔ Sono partito dal Senegal due anni **fa**.

8 L'ALIMENTAZIONE

NEGOZI E NEGOZIANTI

- ✔ Il fruttivendolo vende frutta e verdura.
- ✔ Il salumiere vende i salumi, i formaggi e altri generi alimentari.
- ✔ Il macellaio vende la carne.
- ✔ Il panettiere vende il pane.
- ✔ Il pasticcere vende i dolci e le paste.
- ✔ Il rosticcere vende cibi già cotti.

- ✔ L'insalata si compra nel negozio di frutta e verdura.
- ✔ I salumi si acquistano in salumeria.
- ✔ Il pollo si vende in macelleria.
- ✔ Il pane si compra al panificio / forno.
- ✔ Le torte si vendono in pasticceria.
- ✔ Le patatine fritte si trovano in rosticceria.

DAL SALUMIERE

 **DIALOGO N. 1**

UN ETTO E MEZZO DI PROSCIUTTO CRUDO

- ▲ A chi tocca?
- ▼ A me, grazie.
- ▲ Che cosa desidera?
- ▼ Vorrei un etto e mezzo di prosciutto crudo. Qual è il tipo più dolce?
- ▲ Questo di San Daniele.
- ▼ Lo può tagliare a fettine sottili?
- ▲ Certo. Le serve qualcos'altro?
- ▼ Sì, tre etti di formaggio grana, un vasetto di olive verdi e una scatola di pomodori pelati.
- ▲ Ecco fatto... e poi?
- ▼ Basta così, grazie.
- ▲ Questo è il suo conto. Per pagare si accomodi pure alla cassa. Buongiorno.

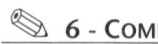 **6 - COMPLETA**

(panificio, pasticceria, etto, patate, salumiere, fruttivendolo)

Ho comprato un .... di prosciutto dal .... e un chilo di .... dal .... Tra poco vado al .... a prendere un po' di pane e in .... a ritirare la torta che ho ordinato.

DAL FRUTTIVENDOLO

😊 Dialogo n. 2

SONO USCITO PER FARE LA SPESA.

▲ Sei arrivato, finalmente! Dove sei stato?
▼ Sono uscito per fare la spesa dal fruttivendolo, ma c'erano tante persone e ho fatto tardi.
▲ Che cosa hai comperato?
▼ Volevo prendere le verdure per preparare il sugo...
▲ Le hai trovate?
▼ I pomodori erano belli e maturi. Ne ho preso mezzo chilo. Anche l'aglio aveva un buon aspetto e ne ho comperato una testa.
▲ E il basilico c'era?
▼ Sì, ma non era bello, aveva le foglie scure e rovinate.
▲ E allora?
▼ Allora non l'ho voluto e invece del basilico fresco userò quello surgelato.

Si dice

- ✔ Dal fruttivendolo c'era il basilico.
- ✔ Dal salumiere non c'era la mortadella.
- ✔ In pasticceria c'erano molte persone.
- ✔ Le olive nere non c'erano.
- ✔ C'è dell'aglio nel sugo?
- ✔ In Italia ci sono molti bravi cuochi.
- ✔ Nella zuppa ci sono le carote e le cipolle.

Indicativo imperfetto				
	Essere		Avere	
io	ero	affamato	avevo	fame
tu	eri	stanco	avevi	sonno
lui/lei	era	in ritardo	aveva	sete
noi	eravamo	insieme	avevamo	paura
voi	eravate	felici	avevate	freddo
loro	erano	tristi	avevano	caldo

L'ALIMENTAZIONE

INDICATIVO IMPERFETTO

1ª coniugazione MANGI-ARE

io	mangi-**avo**	la torta
tu	mangi-**avi**	il pane
lui/lei	mangi-**ava**	un frutto
noi	mangi-**avamo**	insieme
voi	mangi-**avate**	a casa
loro	mangi-**avano**	molto

2ª coniugazione PREND-ERE

io	prend-**evo**	la pasta
tu	prend-**evi**	il riso
lui/lei	prend-**eva**	gli spaghetti
noi	prend-**evamo**	le lasagne
voi	prend-**evate**	i ravioli
loro	prend-**evano**	l'orzo

3ª coniugazione SERV-IRE

io	serv-**ivo**	il tè
tu	serv-**ivi**	il dolce
lui/lei	serv-**iva**	i biscotti
noi	serv-**ivamo**	il caffè
voi	serv-**ivate**	il gelato
loro	serv-**ivano**	i pasticcini

 7 - SOTTOLINEA

Trova e sottolinea i verbi al passato

Mi chiamo Carmen, vengo dal Perù. Della cucina del mio Paese ricordo un dolce che a casa mia <u>mangiavamo</u> nelle occasioni importanti: la torta di cocco con datteri e mele. Mia madre prendeva datteri e mele, li tagliava a pezzetti, li metteva in una terrina e poi aggiungeva farina di grano e di cocco, zucchero, lievito, uova, succo di limone. Mentre questa pasta si cuoceva nel forno, preparava una crema all'uovo. Quando la torta era pronta, la metteva su un piatto, la copriva con la crema e la serviva ancora calda. Era una delizia!

INDICATIVO IMPERFETTO - VERBI IRREGOLARI

FARE	→	facevo, facevi, faceva, facevamo, facevate, facevano
DARE	→	davo, davi, dava, davamo, davate, davano
DIRE	→	dicevo, dicevi, diceva, dicevamo, dicevate, dicevano
BERE	→	bevevo, bevevi, beveva, bevevamo, bevevate, bevevano

 8 - COLLEGA

1 - Prendevate
2 - Mettevano
3 - Piaceva
4 - Coprivo
5 - Cuocevamo
6 - Eri
7 - Aggiungevo
8 - Avevi

a - Mettere
b - Coprire
c - Prendere
d - Piacere
e - Aggiungere
f - Cuocere
g - Avere
h - Essere

IN CUCINA
Gli utensili

le posate
il mattarello
la pentola
il colino
il tegame
la terrina
la padella
il cavatappi
il mestolo
il tagliere
l'imbuto
il vassoio

La tavola apparecchiata

la caraffa
la bottiglia
il bicchiere
la saliera
il cucchiaio
il tovagliolo
la tovaglia
il coltello
la forchetta
il piatto piano
il piatto fondo

L'ALIMENTAZIONE 8

MISURARE LA QUANTITÀ DI CIBI E BEVANDE

Liquidi → centilitro (cl)   decilitro (dl)   litro (l)   ettolitro (hl)
Solidi → grammo (g)   etto (hg)   chilo (kg) quintale (q)

un litro di latte   tre quarti di latte   mezzo litro di aranciata   un quarto di vino
1 litro   3/4 di litro   1/2 litro   1/4 di litro

 un chilo di limoni    mezzo chilo di ciliegie
                     1 kg   1/2 kg o 500 g

un etto/   mezzo etto/
cento grammi di burro   cinquanta grammi di farina
1 hg o 100 g   1/2 hg o 50 g

una tazza   un cucchiaio   un bicchiere   una manciata
di zucchero   di cacao   di olio   di mandorle

✎ 9 - Trasforma

1 - <u>Un etto</u> di formaggio   →   *Cento* grammi di formaggio
2 - Due etti di zucchero   →   .... grammi di zucchero
3 - Tre etti e mezzo di tè   →   .... grammi di tè
4 - Mezzo chilo di pasta   →   .... grammi di pasta
5 - Mezzo etto di lievito   →   .... grammi di lievito
6 - Un quintale di patate   →   .... chili di patate
7 - Sei etti di riso   →   .... grammi di riso
8 - Otto etti di pane   →   .... grammi di pane

AL RISTORANTE

🙂 Dialogo n. 3

▲ Cameriere, scusi, c'è un tavolo libero? Siamo in due.
▼ Certo, potete accomodarvi qui, se vi piace, oppure là, vicino alla finestra.
▲ Grazie, va bene qui.
▼ Ecco il menù. Guardate pure con comodo, torno tra un po'.

Dopo qualche minuto...
▼ Bene, volete ordinare?
▲ Sì, ci porti due piatti di spaghetti al pomodoro, una bistecca di manzo ben cotta e una cotoletta alla milanese.
▼ Come contorno che cosa prendete?
▲ Un'insalata mista per tutti e due.
▼ E da bere?
▲ Un litro di acqua minerale naturale e mezzo litro di vino rosso, grazie.

🙂 Dialogo n. 4

▲ Prendete ancora qualcosa? Un dolce? Il caffè?
▼ No grazie, va bene così. Ci fa il conto?
▲ Sì, sono... 20,00 euro.
▼ Possiamo pagare con la carta di credito?
▲ Certo... ecco... faccia qui la firma... e questo è il suo scontrino.
▼ Grazie e arrivederci!

✏️ 10 - Completa

(è, ordini, pago, fa, prendiamo)

1 - Io .... con la carta di credito.
2 - Il cameriere .... il conto.
3 - Tu .... una bistecca di manzo.
4 - Come contorno noi .... l'insalata.
5 - Questo .... lo scontrino.

Unità 9: I media

LA TELEVISIONE E LA RADIO

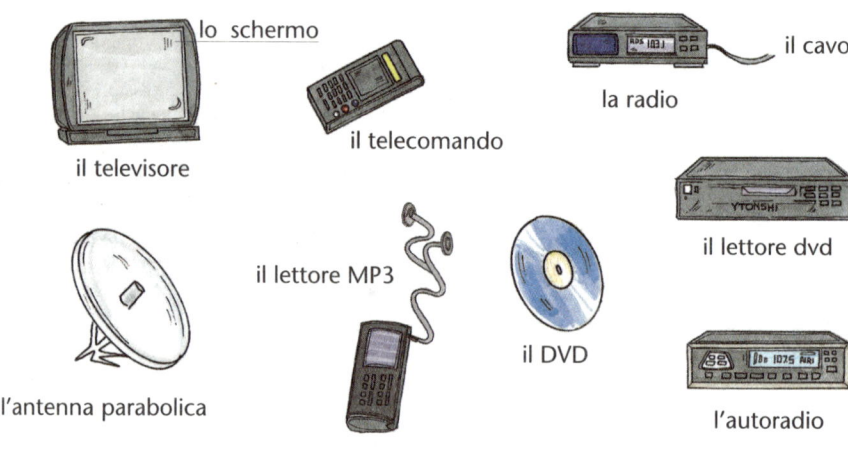

lo schermo
il televisore
il telecomando
la radio
il cavo
l'antenna parabolica
il lettore MP3
il DVD
il lettore dvd
l'autoradio

IL GIORNALE

il quotidiano
la rivista

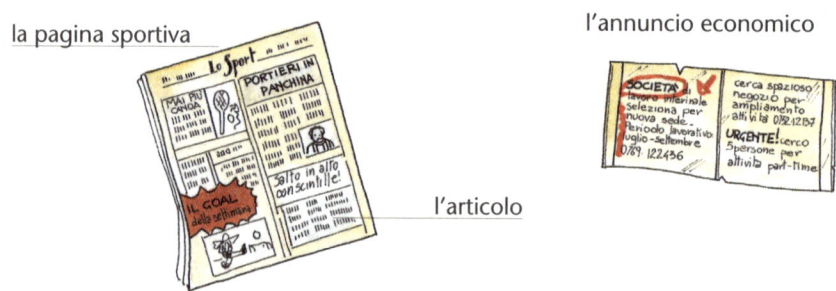

la pagina sportiva
l'articolo
l'annuncio economico

IL TELEFONO

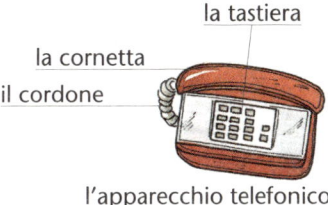

la cornetta
il cordone
la tastiera
l'apparecchio telefonico

il cellulare /
lo smartphone

il portatile /
il cordless

la rubrica telefonica /
l'elenco telefonico

il prefisso
il numero telefonico

le pagine gialle

IL COMPUTER

il monitor
lo schermo
la videata del programma
il lettore CD-ROM
la tastiera
il mouse

la stampante

il modem

chiavetta USB

DAVANTI AL TELEVISORE

😊 Dialogo n. 1

▲ Accendi la TV. C'è la partita di calcio.
▼ Ah, è già cominciato il campionato?
▲ Sì, e quest'anno la nostra squadra è in serie A.
▼ Dov'è il telecomando?
▲ Eccolo là, sul tavolino.
▼ Su quale canale è la partita?
▲ Sul secondo.

😊 Dialogo n. 2

▲ Cosa c'è stasera in TV?
▼ Sul primo c'è un film di Charlie Chaplin e sul secondo uno spettacolo di varietà.
▲ E sul terzo?
▼ Non lo so. Devo leggere i programmi della serata.
▲ Dov'è il giornale di oggi?

Si dice

✔ Tutte le sere guardo il **telegiornale**.
✔ Cosa dicono le **previsioni del tempo**?
✔ Questa sera sul primo canale c'è un nuovo **varietà**.
✔ Mi piacciono i **documentari**.

✎ 1 - Completa

(*cartoni animati, puniti, documentario, fratelli, compiti, d'accordo*)

Mike e Mabel sono due .... Nel pomeriggio, dopo i .... di scuola, guardano la televisione. Ieri Mike voleva vedere i .... e Mabel invece un .... sull'Africa. Non si sono messi .... Hanno litigato e gridato forte. La mamma li ha .... Niente TV!

LO SPORT IN TV

la vela

il canottaggio

i tuffi

il nuoto: lo stile libero
il dorso

il ciclismo

la pallacanestro
il basket

la Formula 1

il calcio

lo sci

il tennis

LO SPORT PIÙ AMATO DAGLI ITALIANI

☺ **DIALOGO N. 3**

▲ Penso che il calcio sia lo sport più seguito in Italia.
▼ Sì, anch'io credo che nessun altro sport abbia la stessa importanza.
▲ Quasi tutti lo seguono alla TV, molti vanno allo stadio e ne parlano ogni giorno.
▼ Tu sei mai andato allo stadio?
▲ Ci sono stato domenica scorsa. Ma penso che non ci andrò più.
▼ Perché?
▲ Mi sembra che i tifosi siano troppo violenti.

TU SEI MAI ANDATO ALLO STADIO?

CONGIUNTIVO PRESENTE					
ESSERE					
Lei crede	che	io	**sia**		ammalato.
Penso	che	tu	**sia**		in errore.
Speriamo	che	lui/lei	**sia**		contento/a.
È meglio	che	noi	**siamo**		qui con te.
Ho paura	che	voi	**siate**		in pericolo.
Bisogna	che	loro	**siano**		più forti.
AVERE					
È probabile	che	io	**abbia**		ragione.
Voglio	che	tu	**abbia**		una vita felice.
Mi pare	che	lui/lei	**abbia**		bisogno di denaro.
È importante	che	noi	**abbiamo**		fiducia in loro.
Ci sembra	che	voi	**abbiate**		troppo da fare.
Si dice	che	loro	**abbiano**		molti soldi.

✎ **2 - COMPLETA**

(*abbiano, sia, squadre, scommettono, stadi, siano*)

Si dice che gli italiani .... grandi tifosi delle loro .... di calcio e pare che .... l'abitudine di seguirle negli .... di tutta Italia. Inoltre .... sui risultati delle partite e giocano la schedina. Peccato che .... così difficile vincere!

SERATA IN CASA

😊 Dialogo n. 4

▲ Oh, Giovanni, pensavo che fossi fuori a cena!
▼ No, stasera sono in casa, entra pure.
▲ Che fortuna, speravo proprio che tu avessi del tempo libero.
▼ Guardiamo insieme la TV?

Congiuntivo imperfetto				
Essere				
Non sapeva	che	io	**fossi**	così gentile.
Mi pareva	che	tu	**fossi**	un operaio.
Voleva	che	lui/lei	**fosse**	puntuale.
Ho creduto	che	noi	**fossimo**	a posto.
Si pensava	che	voi	**foste**	a passeggiare.
Era possibile	che	loro	**fossero**	al lavoro.
Avere				
Pensava	che	io	**avessi**	la TV rotta.
Era così bello	che	tu	**avessi**	quel gattino.
Bisognava	che	lui/lei	**avesse**	più tempo.
Gli pareva	che	noi	**avessimo**	freddo.
Immaginavo	che	voi	**aveste**	già il biglietto.
Speravamo	che	loro	**avessero**	qualche idea.

✎ 3 - Coniuga

1 - Vorrei che la vostra camera (essere) *fosse* in ordine.

2 - Credevamo che (lui, essere) .... fuori a cena questa sera.

3 - Desiderava che (voi, avere) .... un buon lavoro in questo ufficio.

4 - Non pensavo che (lei, avere) .... qualche probabilità di vincere.

5 - Speravano che (io, avere) .... qualche giorno di ferie in agosto.

6 - Mi sembrava che (voi, essere) .... molto stanchi ieri sera.

ASCOLTARE LA RADIO

MI PIACE SENTIRE BENE LA MUSICA

☺ **DIALOGO N. 5**

▲ Perché tieni il volume della radio così alto?
▼ Perché mi piace sentire bene la musica.
▲ Ma disturbi i vicini.
▼ Oh, sì, penso che tu abbia ragione! Ti va meglio così?
▲ No, mi dispiace. Ho un forte mal di testa.

PRONOMI PERSONALI INDIRETTI (FORME DEBOLI)		
(a me)	**Mi**	dici come ti chiami?
(a te)	**Ti**	auguro buone feste.
(a lui)	**Gli**	hai promesso un bel regalo.
(a lei)	**Le**	ho mandato una cartolina.
(a noi)	**Ci**	hanno offerto un aperitivo.
(a voi)	**Vi**	consiglio di andare al concerto.
(a loro)		Mostra **loro** la nuova casa!

Attenzione

Dim**mi** dove vai.
Fat**ti** un panino col formaggio.
Sta**gli** vicino.
Dal**le** una mano.

Si dice

✓ Accendere la radio/la TV.
✓ Spegnere la radio/la TV.
✓ Abbassare/alzare il volume.
✓ Mettere sul terzo canale/sul tre.
✓ Cambiare canale.

 **4 - SOSTITUISCI**

1 - Helen (a me) *mi* ha dato il suo indirizzo.
2 - (A te) .... ho parlato del mio nuovo lavoro?
3 - I miei genitori (a lui) .... hanno prestato la macchina.
4 - (A lei) .... piacerebbe venire con noi.
5 - Gli amici (a noi) .... hanno detto del tuo arrivo.
6 - Indica (a loro) .... la strada giusta.
7 - (A me) .... fate questo piacere?

REGISTRARE E TRASMETTERE

il lettore di CD
il registratore
l'amplificatore
l'impianto stereo
l'altoparlante
la cassa acustica

la cuffia

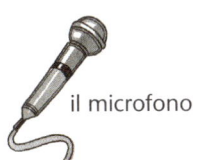

il microfono

il compact disc/
il CD

la videocamera

😊 DIALOGO N. 6

▲ Marie, ci hanno telefonato i signori Owusu. C'è una festa da loro stasera.
▼ Bene! So che hanno comperato un nuovo impianto stereo e credo che abbiano della buona musica.
▲ Ho detto loro che domani sera possono venire da noi a vedere un film.

IL NOSTRO LETTORE NON FUNZIONA

✏ 5 - COLLEGA

1 - Mi puoi prestare del denaro?
2 - Ti telefono domani?
3 - Che cosa gli hai detto?
4 - Ti posso chiedere un favore?
5 - Ci fate vedere un video?
6 - Vi piace il mio nuovo CD?
7 - Hai dato loro le nuove chiavi?

a - Certamente. Le ho consegnate ieri.
b - Sì, ma lo abbiamo già ascoltato.
c - Sì, chiamami verso sera.
d - No, ci dispiace, non abbiamo tempo.
e - Tu mi puoi chiedere tutto.
f - No, io sono sempre senza soldi.
g - Non gli ho detto nulla.

9 — I MEDIA

LEGGERE IL GIORNALE

🙂 Dialogo n. 7

▲ Hai comprato il giornale?
▼ No, l'edicola era chiusa.
▲ Hai detto a Giovanna di comprarlo in città?
▼ No, a lei non ho detto nulla.
  A me non importa del giornale.
▲ Ma a te non interessano le ultime notizie?
▼ Sì, ma le ascolto al telegiornale.

🙂 Dialogo n. 8

▲ Che quotidiano leggi di solito?
▼ A me piace leggere il giornale della mia città.
▲ Anche a me. Non sapevo che avessi i miei stessi gusti!
▼ Mi interessa sapere quello che succede vicino a casa mia.
▲ Vuoi dire che a te piace la cronaca?
▼ Sì, proprio così.

Pronomi personali indiretti (Forme forti)

✔ Questo libro serve **a me**.
✔ Domani veniamo **da te**.
✔ Signore, questi fiori sono **per lei**.
✔ Non parlate male **di lei**.

Veniamo **con voi**.
Non contate **su di noi**.
A te non va mai bene niente!
Non mi fido **di loro**.

✎ 6 - Sostituisci

1 - Porto <u>a te</u> la rivista. → *Ti* porto la rivista.
2 - A lui è piaciuto il film. → ...... è piaciuto il film.
3 - Ho prestato la penna a lei. → ...... ho prestato la penna.
4 - A me dispiace di non poter venire. → ...... dispiace di non poter venire.
5 - A te telefono appena possibile. → ...... telefono appena possibile.
6 - Dedichi un po' del tuo tempo a me? → ...... dedichi un po' del tuo tempo?
7 - È meglio che tu dica a lui la verità. → È meglio che tu .... dica la verità.

USI IL COMPUTER?

🙂 Dialogo n. 9

▲ Sapete usare il computer?
▼ Sì, ci piacciono soprattutto i giochi. E a voi?
▲ Sì, anche a noi.
▼ Allora facciamo subito una partita!
▲ Purtroppo oggi non abbiamo abbastanza tempo.
▼ E a Internet siete collegate?
▲ Non ancora.
▼ Possibile? Oggi tutti navigano in Internet.

7 - Completa

(*potente, computer, posta, stampante, ufficio*)

Oggi hanno portato il nuovo .... anche a noi. È molto .... Possiamo tenere la contabilità del nostro .... , mandare dei fax e avere una casella di .... elettronica. Manca solo la ....

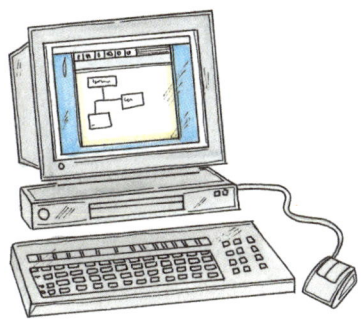

Si dice
✔ Accendere il computer.
✔ Spegnere il computer.
✔ Lavorare al computer / con il computer.
✔ Essere / Stare davanti al computer.
✔ Navigare in Internet.
✔ Collegarsi a Internet.

AL TELEFONO

☺ **Dialogo n. 10**

▲ Dovrei fare una telefonata.
  Mi puoi prestare la tua scheda?
▼ Volentieri, ma è quasi esaurita.
▲ Pronto, sono Juan. Ciao Felipe.
  Ci vediamo stasera?
  ... Nooo, è caduta la linea!
▼ Mi dispiace, ma te lo avevo detto!

È QUASI ESAURITA

		PRONOMI PERSONALI ACCOPPIATI
ME +	LO/ LA LI / LE	✔ Puoi dare a me la tua scheda telefonica? Puoi dar**mela**?
TE +	LO/ LA LI / LE	✔ Non ti hanno detto di consegnare i documenti? Non **te lo** hanno detto?
CE +	LO/ LA LI / LE	✔ Quando porti a noi quei pacchi? Quando **ce li** porti?
VE +	LO/ LA LI / LE	✔ Quando vi daranno la risposta? Quando **ve la** daranno?

Si dice

✔ Il telefono è libero,
  ma non risponde nessuno.

✔ Ti ho chiamato,
  ma il telefono era occupato.

✔ Mentre stavo chiamando Marco,
  è caduta la linea.

✔ Volevo chiamare i miei amici a
  New York, ma non sono riuscito a
  prendere la linea.

☺ Dialogo n. 11

▲ Questa è la segreteria telefonica del numero 0623097701...
▼ Oh, no! Odio conversare con le segreterie telefoniche. Io dovevo parlare con Zara!
▲ ... potete lasciare un messaggio dopo il bip oppure inviare un fax.
▼ Meglio il fax. Glielo invierò dopo il segnale acustico.

PRONOMI PERSONALI ACCOPPIATI	
GLIELO	Hai portato a Frank il suo libro? **Glielo** porto immediatamente.
GLIELA	Non posso spedirle ora la lettera. **Gliela** spedirò domani.
GLIELI	Chi ha regalato i cioccolatini ai bambini? **Glieli** ho regalati io.
GLIELE	Dove hai messo le penne delle ragazze? **Gliele** ho messe sul tavolo.

Si dice
- ✔ Fare una telefonata.
- ✔ Chiamare qualcuno.
- ✔ Dare un colpo di telefono.
- ✔ Fare uno squillo.
- ✔ Sbagliare il numero.
- ✔ Lasciare un messaggio nella segreteria telefonica.

 8 - Completa

(*mi, Mi, Gliela, Le, Le, la, me lo*)

Ieri era il compleanno di Marianna. .... ho regalato una collana. .... ho portata stamattina. Lei parlava al telefono con Patrick e non .... ha visto. .... ho lasciato la collana sul tavolo con un biglietto di auguri. Patrick è il suo nuovo fidanzato, ma lei non .... aveva detto. Io vorrei invitar .... a cena da me. .... dirà di sì?

Unità 10: Divertirsi

COME OCCUPI IL TUO TEMPO?

☺ Dialogo n. 1

Sto svolgendo un'indagine sul tempo libero...

▲ Scusi, sto svolgendo un'indagine sul tempo libero. Posso farle qualche domanda?
▽ Sì, va bene.
▲ A che ora si sveglia al mattino?
▽ Alle sette.
▲ E si alza subito?
▽ Sì, mi alzo subito, mi lavo e mi vesto in fretta.
▲ Perché non può prepararsi con calma?
▽ Perché devo prendere l'autobus alle sette e trenta, se voglio arrivare in ufficio puntuale.
▲ A che ora finisce di lavorare?
▽ Finisco alle due. Torno a casa, pranzo, mi riposo un po', sbrigo qualche lavoro domestico oppure esco per fare la spesa.
▲ Non ha tempo libero?
▽ Sì, ma solo nel tardo pomeriggio.
▲ E come lo occupa?
▽ Mi piace leggere e ricamare. Inoltre due volte alla settimana, dalle sette alle otto, vado in palestra.

Verbi pronominali - Alzarsi		
Indicativo presente		
io	mi alzo	alle 7
tu	ti alzi	presto
lui/lei	si alza	prima di me
noi	ci alziamo	subito
voi	vi alzate	con fatica
loro	si alzano	sempre tardi

✏ 1 - Coniuga

1 - Io mi sveglio, tu ...., Sara ...., noi ....
................, tu e Sika ...., loro ....

2 - Io mi lavo, tu ...., lui ...., tu e io ....
................, voi tre ...., loro due ....

3 - Io mi vesto, tu ...., Luca ...., noi ....
................, voi due ...., loro ....

DIALOGO N. 2

▲ Ciao John, come mai sei al bar questa mattina?
▼ Ieri sera mi sono addormentato molto tardi, questa mattina non ho sentito la sveglia e ho dovuto prepararmi di corsa.
▲ Che cosa hai fatto di bello ieri sera?
▼ Ho invitato alcuni amici a cena e poi ci siamo divertiti a guardare un film comico alla televisione.
▲ E avete fatto tardi!
▼ Già! Ieri poi mi sono dimenticato di comperare il latte, così ho pensato di fare colazione al bar.
▲ A che ora passa il tuo autobus?
▼ Alle otto e dieci.
▲ Allora sbrigati, se non vuoi perderlo!

CIAO JOHN

VERBI PRONOMINALI - DIVERTIRSI		
INDICATIVO PASSATO PROSSIMO		
io	mi sono divertito/a	molto
tu	ti sei divertito/a	ieri sera
lui/lei	si è divertito/a	al cinema
noi	ci siamo divertiti/e	con te
voi	vi siete divertiti/e	insieme a John
loro	si sono divertiti/e	a giocare a carte

Attenzione

✔ Io devo preparar**mi**.
 Mi devo preparare
✔ Tu devi curar**ti**.
 Ti devi curare
✔ Clara deve pettinar**si**.
 Si deve pettinare
✔ Noi possiamo riposar**ci**.
 Noi **ci** possiamo riposare
✔ Voi volete lavar**vi**.
 Voi **vi** volete lavare
✔ Loro vogliono seder**si**.
 Loro **si** vogliono sedere.

2 - TRASFORMA

1 - I bambini vogliono divertirsi. → *I bambini si vogliono divertire.*
2 - Marco non deve arrabbiarsi. → ....
3 - Devi riposarti! → ....
4 - Potete fermarvi? → ....
5 - Non vorrei stancarmi. → ....
6 - Possiamo fermarci. → ....

COSA FAI NEL TEMPO LIBERO?

DIALOGO N. 3

▲ Qual è il tuo orario di lavoro?
▼ Al mattino dalle otto e mezza alle tredici, il pomeriggio dalle sedici alle diciannove e trenta.
▲ Quando hai un po' di tempo libero?
▼ Alla sera dopo cena, il sabato e la domenica, e tu?
▲ Io faccio l'orario continuato, dalle otto alle due, tutti i giorni compreso il sabato. Poi mi occupo dei miei due figli e dei lavori di casa.
Ho un po' di tempo libero il sabato pomeriggio e la domenica.
▼ Hai qualche passatempo?
▲ Sì, mi piace molto dipingere e, quando è possibile, andare al cinema e a teatro. E tu a che cosa ti dedichi nel tuo tempo libero?
▼ Allo sport, soprattutto. Vado in piscina due volte alla settimana, gioco a tennis con un mio amico ogni sabato e alla domenica faccio lunghe camminate in montagna.
▲ Beato te! Anch'io vorrei muovermi un po'. Forse l'anno prossimo mi iscrivo a un corso serale di ginnastica.

 3 - SCEGLI

1 - La signora lavora...
    a - dalle otto alle quattordici.
    b - dalle otto alle quattro.
    c - dalle otto alle dodici.

2 - Il signore ha tempo libero...
    a - La sera e il sabato.
    b - il sabato, la domenica, la sera.
    c - domenica e sabato.

3 - I passatempi della signora sono...
    a - il nuoto e il tennis.
    b - la pittura, il cinema, il teatro.
    c - la palestra e il teatro.

 4 - CONIUGA

1 - Nel mio tempo libero io (dedicarsi) *mi dedico* alla lettura.
2 - La domenica Marta (occuparsi) .... del suo giardino.
3 - I miei figli (divertirsi) .... a collezionare francobolli.
4 - Come (impiegare) .... tuo marito il suo tempo libero?

ANDARE AL CINEMA

QUESTA SERA VADO AL CINEMA,
VIENI CON ME?

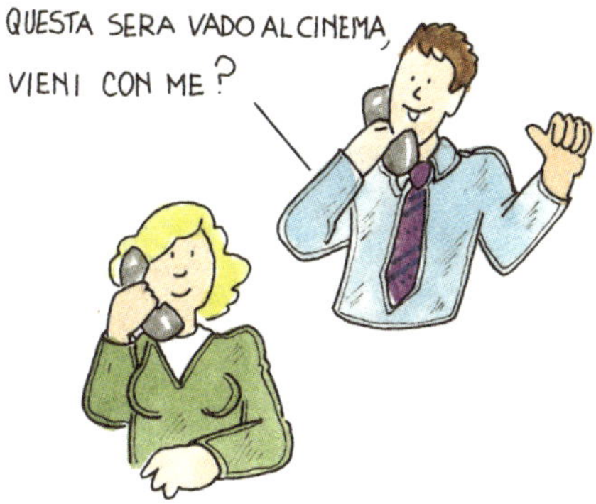

☺ DIALOGO N. 4

▲ Pronto? Chi parla?
▼ Ciao Anna, sono Antonio.
▲ Ciao!
▼ Questa sera vado al cinema, vieni con me?
▲ Mi piacerebbe... Che film vai a vedere?
▼ 'La vita è bella', il film di Roberto Benigni. È in programmazione al cinema Ariston. Ti va?
▲ Sì. Sai gli orari degli spettacoli?
▼ C'è uno spettacolo alle otto e uno alle dieci e un quarto.
▲ Io preferirei quello delle otto.
▼ D'accordo! Allora ci troviamo alle otto meno dieci all'ingresso del cinema. Chi arriva per primo compra i biglietti. Ciao, a stasera!

La sala cinematografica

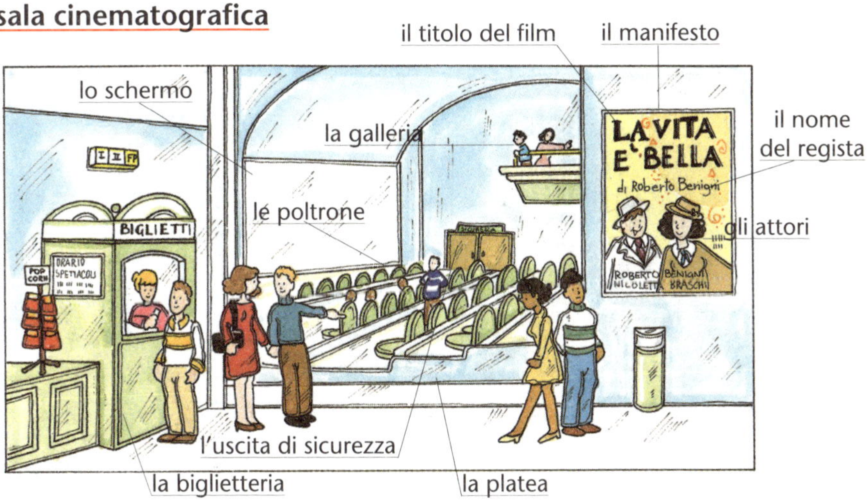

il titolo del film
il manifesto
lo schermo
la galleria
il nome del regista
le poltrone
gli attori
l'uscita di sicurezza
la biglietteria
la platea
BIGLIETTI
ORARIO SPETTACOLI
POP CORN
LA VITA È BELLA
di Roberto Benigni
ROBERTO BENIGNI
NICOLETTA BRASCHI

Un film può essere...

- ✔ giallo
- ✔ poliziesco
- ✔ di avventura
- ✔ horror
- ✔ di fantascienza
- ✔ comico
- ✔ d'amore
- ✔ di guerra

LA LETTURA

✔ Mi piace leggere tanti **giornali**.

✔ Leggo ogni giorno il **quotidiano**.

✔ Compero ogni settimana una **rivista di moda**.

✔ Mi divertono i **fumetti**.

✔ Ho letto un **romanzo d'amore**.

✔ Mi piacciono molto i **libri gialli**.

IL LIBRO

l'autore / l'autrice
la copertina
l'indice
il titolo
la casa editrice
il numero di pagina
il segnalibro

IN LIBRERIA

😊 Dialogo n. 5

▲ Vorrei regalare
un bel libro a un amico.
Può darmi un consiglio?
▼ Sì, certamente.
Preferisce un romanzo,
un libro di racconti,
di poesie o altro?
▲ Vorrei un romanzo. Al mio amico piacciono gli scrittori sudamericani, c'è qualche novità?
▼ Questo libro è nuovo e ha già avuto un grande successo.
▲ Di che cosa parla?
▼ È la strana storia di un uomo che parte per un lungo viaggio in terre lontane e vive avventure emozionanti.
▲ Quanto costa?
▼ È un'edizione tascabile... costa 6,00 euro.
▲ Va bene, lo prendo. Penso che al mio amico piacerà.

Aggettivi qualificativi				
	Singolare		**Plurale**	
Maschile	il libro	**nuovo**	i libri	**nuovi**
Femminile	la rivista	**nuova**	le riviste	**nuove**
Maschile	il fumetto	**divertente**	i fumetti	**divertenti**
Femminile	la lettura	**divertente**	le letture	**divertenti**
Maschile	il romanzo	**rosa**	i romanzi	**rosa**
Femminile	la cronaca	**rosa**	le cronache	**rosa**

Attenzione

Buono	→	un buon amico una buona amica	un buon libro una buona casa	un buono sconto una buona strada
Bello	→	un bell'amico una bell'amica	un bel libro una bella casa	un bello sconto una bella strada
Grande	→	un grande amico una grande amica	un gran libro una grande casa	un grande sconto una grande strada

IN PISCINA

☺ Dialogo n. 6

▲ Oh! Un negozio di articoli sportivi! Posso fermarmi un momento? Mi sono iscritta a un corso di nuoto e devo comprarmi tutta l'attrezzatura.
▼ Ti serve un costume, una cuffia, un accappatoio e un paio di ciabatte di gomma.
▲ Ti piace quel costume rosso?
▼ Mi sembra più elegante quello nero.
▲ Guarda, che bell'accappatoio!
▼ Quale?
▲ Quello verde. È carino, vero?
▼ Sì, ma quello rosso è meno costoso. E la cuffia? Di che colore la vuoi?
▲ Mah... quella bianca e rossa è graziosa come quella bianca e blu. Non so quale scegliere.

	Aggettivi qualificativi di grado comparativo		
Maggioranza	La cuffia rossa è	**più grande**	di quella blu.
	Aldo è	**più grasso**	di Luca.
Minoranza	Il costume è	**meno costoso**	dell'accappatoio.
	I miei capelli sono	**meno lunghi**	dei tuoi.
Uguaglianza	Le ciabatte sono	**rosse come**	la palla.
	L'asciugamano è	**verde come**	l'erba.

ALLO STADIO

😊 DIALOGO N. 7

- ▲ Goal! Goal! Evviva! Questa partita è bellissima!
- ▼ Hai visto quel giocatore? È bravissimo quando tira in porta.
- ▲ E come corre! È il più veloce di tutti!
- ▼ È rapidissimo nel passare la palla ai suoi compagni di squadra.
- ▲ È un vero campione. Il più grande calciatore di questi tempi.
- ▼ Sono d'accordo. La sua squadra è molto fortunata.

AGGETTIVI QUALIFICATIVI DI GRADO SUPERLATIVO			
ASSOLUTO	Il giocatore è	**molto bravo / bravissimo.**	
	Questa partita è	**molto bella / bellissima.**	
RELATIVO	Questo calciatore è	**il più veloce**	di tutti.
	La nostra squadra è	**la più fortunata**	fra tutte.

✏️ 5 - SOSTITUISCI

1 - Questo fiore è <u>bello</u>. → è *bellissimo* → è *il più bello*
2 - La torta è buona. → è .... → è ....
3 - Le scarpe sono comode. → sono .... → sono ....
4 - Il vestito è elegante. → è .... → è ....
5 - Tu sei gentile. → sei .... → sei ....

✏️ 6 - TRASFORMA

1 - Noi siamo stati <u>più</u> fortunati di <u>voi</u>. → Voi *siete stati <u>meno</u> fortunati di <u>noi</u>*.
2 - Io sono più alto di te. → Tu ....
3 - Omar è più vecchio di me. → Io ....
4 - Sika sarà più felice di Joan. → Joan ....
5 - Lidija era più gentile di Tatiana. → Tatiana ....
6 - Tua sorella è più elegante di te. → Tu ....

UNA VACANZA AL MARE

Il mese scorso ho trascorso una settimana di vacanza in Calabria. Ho affittato una piccola casa in ottima posizione: a due passi dal mare. Io sono pigra, al mattino mi alzavo tardi e andavo a fare una breve passeggiata sulla spiaggia. Poi mi sedevo sulla sedia a sdraio sotto l'ombrellone e leggevo giornali e libri fino a mezzogiorno.
A quell'ora mi facevo un bel bagno, poi andavo a casa, pranzavo, mi riposavo un po' e verso le quattro del pomeriggio tornavo in spiaggia. È stata una vacanza molto rilassante, migliore di quella dello scorso anno in albergo.

7 - Rispondi

1 - Dove è andata in vacanza la signora?
....
2 - Dove si trovava la casa in affitto?
....
3 - Che cosa faceva la signora sotto l'ombrellone?
....
....
4 - A che ora faceva il bagno?
....
....
5 - A che ora tornava in spiaggia il pomeriggio?
....

FORME PARTICOLARI DI COMPARATIVO E SUPERLATIVO		
	Comparativo	Superlativo
Buono	più buono migliore	buonissimo ottimo
Cattivo	più cattivo peggiore	cattivissimo pessimo
Grande	più grande maggiore	grandissimo massimo
Piccolo	più piccolo minore	piccolissimo minimo

8 - Sostituisci

1 - Questi biscotti sono <u>buonissimi</u>.   Questi biscotti sono *ottimi*.
2 - Mio fratello è <u>più grande</u> di me.   Mio fratello è ....
3 - Pierre è il figlio <u>più piccolo</u> di Louis. Pierre è il figlio ....
4 - Sono di umore <u>cattivissimo</u>.   Sono di umore ....
5 - Oggi il tempo è <u>più buono</u> di ieri.   Oggi il tempo è ....
6 - La cosa <u>più cattiva</u> di questo pranzo è il dolce. La cosa ....
7 - Questo errore è <u>piccolissimo</u>.   Questo errore è ....

IN VISITA A UNA CITTÀ

☺ **DIALOGO N. 8**

▲ Oh, finalmente siamo arrivati. Che cosa andiamo a vedere?
▼ La guida suggerisce di andare a visitare il Duomo, il castello e il museo civico.
▲ Prendiamo la pianta della città e decidiamo il percorso da seguire.
▼ Ecco, noi adesso siamo qui, nella parte inferiore della città. Siamo vicini al Duomo e al museo. Il castello invece è nella parte superiore, sulla collina.
▲ Guarda sulla guida l'orario di apertura del castello.
▼ È aperto il mattino dalle 9:00 alle 12:30, il pomeriggio dalle 15:00 alle 18:00.
▲ Bene, allora possiamo visitarlo con calma oggi pomeriggio e dedicarci adesso al Duomo e al museo civico.
▼ D'accordo!
▲ Cerchiamo anche un ufficio di informazioni turistiche?
▼ Sì, così chiediamo qualche opuscolo illustrativo sui monumenti della città.

Si dice

✔ Questa è la parte **superiore** (= che sta più in alto) del castello.
✔ Siamo al piano **inferiore** (= che sta più in basso) del museo.
✔ Si entra dalla porta **anteriore** (= che sta davanti).
✔ Si esce dalla porta **posteriore** (= che sta dietro).
✔ Devi curare il tuo aspetto **esteriore** (= che appare da fuori).
✔ Avere un conflitto **interiore** (= che sta dentro).

10 DIVERTIRSI

È QUI LA FESTA?

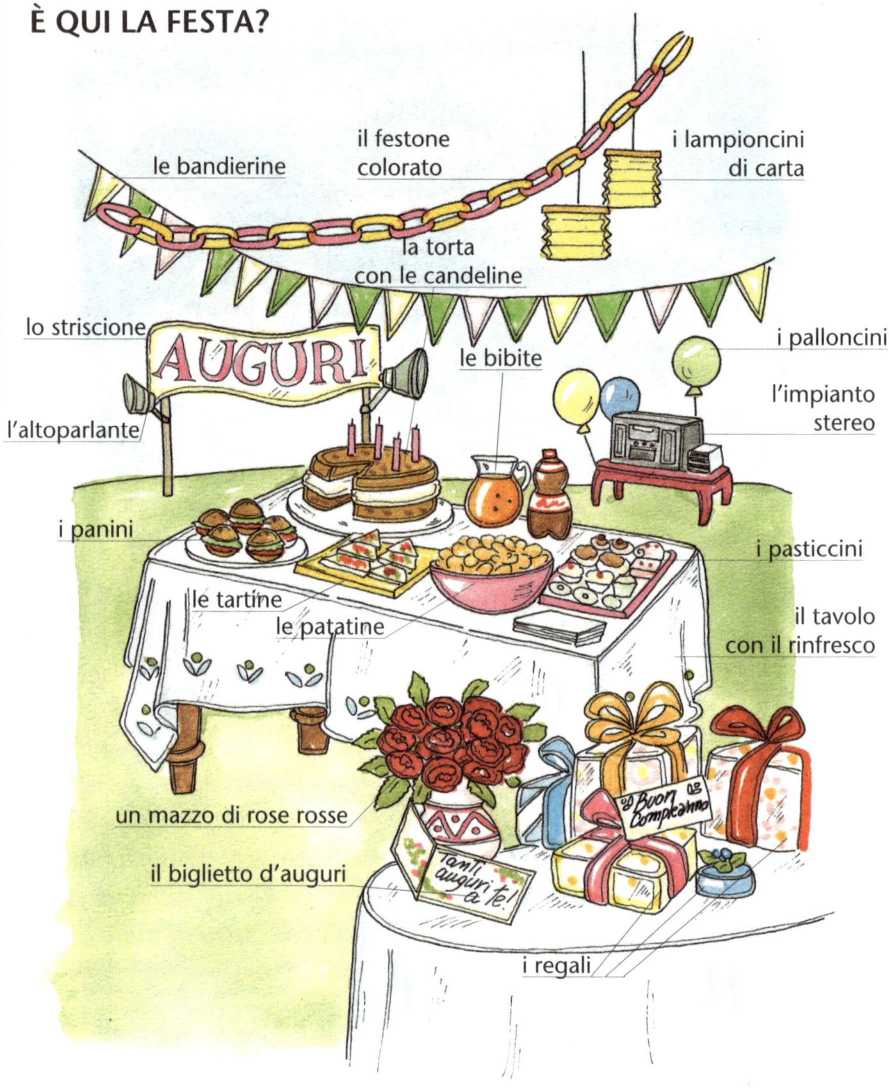

- le bandierine
- il festone colorato
- i lampioncini di carta
- la torta con le candeline
- lo striscione
- i palloncini
- le bibite
- l'impianto stereo
- l'altoparlante
- i panini
- i pasticcini
- le tartine
- le patatine
- il tavolo con il rinfresco
- un mazzo di rose rosse
- il biglietto d'auguri
- i regali

Si dice

- ✔ Buone Feste!
- ✔ Buon Natale!
- ✔ Buon Anno!
- ✔ Felice anno nuovo!
- ✔ Buone vacanze!
- ✔ Buon compleanno!
- ✔ Cento di questi giorni!
- ✔ Tanti auguri!

FESTA DI COMPLEANNO

Oggi Camille compie 25 anni. Per festeggiare più allegramente il compleanno ha organizzato una festa in giardino e ha invitato amici e parenti. Questo è il suo biglietto di invito.

Alcuni amici sono andati a casa sua molto presto per aiutarla nei preparativi. Anne e Caroline hanno decorato benissimo il giardino con palloncini, lampioncini, festoni e striscioni colorati. Jacques e Olivier hanno organizzato giochi divertenti. Adrien e Sylvie hanno preparato panini e tartine.

COMPARATIVO DI MAGGIORANZA E SUPERLATIVO DEGLI AVVERBI		
	COMPARATIVO	SUPERLATIVO
LENTAMENTE	più lentamente	molto lentamente/lentissimamente
LONTANO	più lontano	molto lontano/lontanissimo
TARDI	più tardi	molto tardi/tardissimo
BENE	meglio	molto bene/benissimo/ottimamente
MALE	peggio	molto male/malissimo/pessimamente
POCO	meno	molto poco/pochissimo/minimamente
MOLTO	più	moltissimo/massimamente

9 - SOSTITUISCI

1 - Stammi <u>vicino</u>! → *più vicino* → *molto vicino*
2 - Stai lontano! → .... → ....
3 - Guida lentamente! → .... → ....
4 - Parlagli dolcemente. → .... → ....
5 - Lavora diligentemente. → .... → ....
6 - Agisci coraggiosamente. → .... → ....

CONIUGAZIONE DEI VERBI AUSILIARI

ESSERE

Indicativo

	Presente	Passato prossimo	Imperfetto	Trapassato prossimo
io	sono	sono stato	ero	ero stato
tu	sei	sei stato	eri	eri stato
egli/lei/lui	è	è stato	era	era stato
noi	siamo	siamo stati	eravamo	eravamo stati
voi	siete	siete stati	eravate	eravate stati
essi/esse/loro	sono	sono stati	erano	erano stati

	Passato remoto	Trapassato remoto	Futuro semplice	Futuro anteriore
io	fui	fui stato	sarò	sarò stato
tu	fosti	fosti stato	sarai	sarai stato
egli/lei/lui	fu	fu stato	sarà	sarà stato
noi	fummo	fummo stati	saremo	saremo stati
voi	foste	foste stati	sarete	sarete stati
essi/esse/loro	furono	furono stati	saranno	saranno stati

Congiuntivo

	Presente	Passato	Imperfetto	Trapassato
che io	sia	sia stato	fossi	fossi stato
che tu	sia	sia stato	fossi	fossi stato
che egli/lei/lui	sia	sia stato	fosse	fosse stato
che noi	siamo	siamo stati	fossimo	fossimo stati
che voi	siate	siate stati	foste	foste stati
che essi/esse/loro	siano	siano stati	fossero	fossero stati

Condizionale / Imperativo

	Presente	Passato	Presente
io	sarei	sarei stato	–
tu	saresti	saresti stato	sii
egli/lei/lui	sarebbe	sarebbe stato	sia
noi	saremmo	saremmo stati	siamo
voi	sareste	sareste stati	siate
essi/esse/loro	sarebbero	sarebbero stati	siano

Infinito / Participio / Gerundio

Infinito		Participio		Gerundio	
Presente	Passato	Presente	Passato	Presente	Passato
essere	essere stato	--	stato	stando	essendo stato

AVERE

Indicativo

	Presente	Passato prossimo	Imperfetto	Trapassato prossimo
io	ho	ho avuto	avevo	avevo avuto
tu	hai	hai avuto	avevi	avevi avuto
egli/lei/lui	ha	ha avuto	aveva	aveva avuto
noi	abbiamo	abbiamo avuto	avevamo	avevamo avuto
voi	avete	avete avuto	avevate	avevate avuto
essi/esse/loro	hanno	hanno avuto	avevano	avevano avuto
	Passato remoto	Trapassato remoto	Futuro semplice	Futuro anteriore
io	ebbi	ebbi avuto	avrò	avrò avuto
tu	avmesti	avesti avuto	avrai	avrai avuto
egli/lei/lui	ebbe	ebbe avuto	avrà	avrà avuto
noi	avemmo	avemmo avuto	avremo	avremo avuto
voi	aveste	aveste avuto	avrete	avrete avuto
essi/esse/loro	ebbero	ebbero avuto	avranno	avranno avuto

Congiuntivo

	Presente	Passato	Imperfetto	Trapassato
che io	abbia	abbia avuto	avessi	avessi avuto
che tu	abbia	abbia avuto	avessi	avessi avuto
che egli/lei/lui	abbia	abbia avuto	avesse	avesse avuto
che noi	abbiamo	abbiamo avuto	avessimo	avessimo avuto
che voi	abbiate	abbiate avuto	aveste	aveste avuto
che essi/esse/loro	abbiano	abbiano avuto	avessero	avessero avuto

Condizionale — Imperativo

	Presente	Passato	Presente
io	avrei	avrei avuto	–
tu	avresti	avresti avuto	abbi
egli/lei/lui	avrebbe	avrebbe avuto	abbia
noi	avremmo	avremmo avuto	abbiamo
voi	avreste	avreste avuto	abbiate
essi/esse/loro	avrebbero	avrebbero avuto	abbiano

Infinito — Participio — Gerundio

Infinito Presente	Infinito Passato	Participio Presente	Participio Passato	Gerundio Presente	Gerundio Passato
avere	avere avuto	avente	avuto	avendo	avendo avuto

CONIUGAZIONE ATTIVA DEI VERBI REGOLARI

1a coniugazione AMARE

Indicativo

	Presente	Passato prossimo	Imperfetto	Trapassato prossimo
io	amo	ho amato	amavo	avevo amato
tu	ami	hai amato	amavi	avevi amato
egli/lei/lui	ama	ha amato	amava	aveva amato
noi	amiamo	abbiamo amato	amavamo	avevamo amato
voi	amate	avete amato	amavate	avevate amato
essi/esse/loro	amano	hanno amato	amavano	avevano amato
	Passato remoto	**Trapassato remoto**	**Futuro semplice**	**Futuro anteriore**
io	amavi	ebbi amato	amerò	avrò amato
tu	amasti	avesti amato	amerai	avrai amato
egli/lei/lui	avava	ebbe amato	amerà	avrà amato
noi	amammo	avemmo amato	ameremo	avremo amato
voi	amaste	aveste amato	amerete	avrete amato
essi/esse/loro	amarono	ebbero amato	ameranno	avranno amato

Congiuntivo

	Presente	Passato	Imperfetto	Trapassato
che io	ami	abbia amato	amassi	avessi amato
che tu	ami	abbia amato	amassi	avessi amato
che egli/lei/lui	ami	abbia amato	amasse	avesse amato
che noi	amiamo	abbiamo amato	amassimo	avessimo amato
che voi	amiate	abbiate amato	amaste	aveste amato
che essi/esse/loro	amino	abbiano amato	amassero	avessero amato

Condizionale / Imperativo

	Presente	Passato		Presente
io	amerei	avrei amato		–
tu	ameresti	avresti amato		ama
egli/lei/lui	amerebbe	avrebbe amato		ami
noi	ameremmo	avremmo amato		amiamo
voi	amereste	avreste amato		amate
essi/esse/loro	amerebbero	avrebbero amato		amino

Infinito / Participio / Gerundio

Infinito		Participio		Gerundio	
Presente	Passato	Presente	Passato	Presente	Passato
amare	avere amato	amante	amato	amando	avendo amato

2a coniugazione TEMERE

Indicativo

	Presente	Passato prossimo	Imperfetto	Trapassato prossimo
io	temo	ho temuto	temevo	avevo temuto
tu	temi	hai temuto	temevi	avevi temuto
egli/lei/lui	teme	ha temuto	temeva	aveva temuto
noi	temiamo	abbiamo temuto	temevamo	avevamo temuto
voi	temete	avete temuto	temevate	avevate temuto
essi/esse/loro	temono	hanno temuto	temevano	avevano temuto

	Passato remoto	Trapassato remoto	Futuro semplice	Futuro anteriore
io	temei (-etti)	ebbi temuto	temerò	avrò temuto
tu	temesti	avesti temuto	temerai	avrai temuto
egli/lei/lui	temé (-ette)	ebbe temuto	temerà	avrà temuto
noi	tememmo	avemmo temuto	temeremo	avremo temuto
voi	temeste	aveste temuto	temerete	avrete temuto
essi/esse/loro	temerono (-ettero)	ebbero temuto	temeranno	avranno temuto

Congiuntivo

	Presente	Passato	Imperfetto	Trapassato
che io	tema	abbia temuto	temessi	avessi temuto
che tu	tema	abbia temuto	temessi	avessi temuto
che egli/lei/lui	tema	abbia temuto	temesse	avesse temuto
che noi	temiamo	abbiamo temuto	temessimo	avessimo temuto
che voi	temiate	abbiate temuto	temeste	aveste temuto
che essi/esse/loro	temano	abbiano temuto	temessero	avessero temuto

Condizionale | Imperativo

	Presente	Passato	Presente
io	temerei	avrei temuto	–
tu	temeresti	avresti temuto	temi
egli/lei/lui	temerebbe	avrebbe temuto	tema
noi	temeremmo	avremmo temuto	temiamo
voi	temereste	avreste temuto	temete
essi/esse/loro	temerebbero	avrebbero temuto	temano

Infinito | Participio | Gerundio

Presente	Passato	Presente	Passato	Presente	Passato
temere	avere temuto	temente	temuto	temendo	avendo temuto

3a coniugazione SENTIRE

Indicativo

	Presente	Passato prossimo	Imperfetto	Trapassato prossimo
io	sento	ho sentito	sentivo	avevo sentito
tu	senti	hai sentito	sentivi	avevi sentito
egli/lei/lui	sente	ha sentito	sentiva	aveva sentito
noi	sentiamo	abbiamo sentito	sentivamo	avevamo sentito
voi	sentite	avete sentito	sentivate	avevate sentito
essi/esse/loro	sentono	hanno sentito	sentivano	avevano sentito

	Passato remoto	Trapassato remoto	Futuro semplice	Futuro anteriore
io	sentii	ebbi sentito	sentirò	avrò sentito
tu	sentisti	avesti sentito	sentirai	avrai sentito
egli/lei/lui	sentì	ebbe sentito	sentirà	avrà sentito
noi	sentimmo	avemmo sentito	sentiremo	avremo sentito
voi	sentiste	aveste sentito	sentirete	avrete sentito
essi/esse/loro	sentirono	ebbero sentito	sentiranno	avranno sentito

Congiuntivo

	Presente	Passato	Imperfetto	Trapassato
che io	senta	abbia sentito	sentissi	avessi sentito
che tu	senta	abbia sentito	sentissi	avessi sentito
che egli/lei/lui	senta	abbia sentito	sentisse	avesse sentito
che noi	sentiamo	abbiamo sentito	sentissimo	avessimo sentito
che voi	sentiate	abbiate sentito	sentiste	aveste sentito
che essi/esse/loro	sentano	abbiano sentito	sentissero	avessero sentito

Condizionale / Imperativo

	Presente	Passato		Presente
io	sentirei	avrei sentito		–
tu	sentiresti	avresti sentito		senti
egli/lei/lui	sentirebbe	avrebbe sentito		senta
noi	sentiremmo	avremmo sentito		sentiamo
voi	sentireste	avreste sentito		sentite
essi/esse/loro	sentirebbero	avrebbero sentito		sentano

Infinito / Participio / Gerundio

Infinito		Participio		Gerundio	
Presente	Passato	Presente	Passato	Presente	Passato
sentire	avere sentito	sentente	sentito	sentendo	avendo sentito

3a coniugazione FINIRE

Indicativo

	Presente	Passato prossimo	Imperfetto	Trapassato prossimo
io	finisco	ho finito	finivo	avevo finito
tu	finisci	hai finito	finivi	avevi finito
egli/lei/lui	finisce	ha finito	finiva	aveva finito
noi	finiamo	abbiamo finito	finivamo	avevamo finito
voi	finite	avete finito	finivate	avevate finito
essi/esse/loro	finiscono	hanno finito	finivano	avevano finito

	Passato remoto	Trapassato remoto	Futuro semplice	Futuro anteriore
io	finii	ebbi finito	finirò	avrò finito
tu	finisti	avesti finito	finirai	avrai finito
egli/lei/lui	finì	ebbe finito	finirà	avrà finito
noi	finimmo	avemmo finito	finiremo	avremo finito
voi	finiste	aveste finito	finirete	avrete finito
essi/esse/loro	finirono	ebbero finito	finiranno	avranno finito

Congiuntivo

	Presente	Passato	Imperfetto	Trapassato
che io	finisca	abbia finito	finissi	avessi finito
che tu	finisca	abbia finito	finissi	avessi finito
che egli/lei/lui	finisca	abbia finito	finisse	avesse finito
che noi	finiamo	abbiamo finito	finissimo	avessimo finito
che voi	finiate	abbiate finito	finiste	aveste finito
che essi/esse/loro	finiscano	abbiano finito	finissero	avessero finito

Condizionale | Imperativo

	Presente	Passato		Presente
io	finirei	avrei finito		–
tu	finiresti	avresti finito		finisci
egli/lei/lui	finirebbe	avrebbe finito		finisca
noi	finiremmo	avremmo finito		finiamo
voi	finireste	avreste finito		finite
essi/esse/loro	finirebbero	avrebbero finito		finiscano

Infinito | Participio | Gerundio

Presente	Passato	Presente	Passato	Presente	Passato
finire	avere finito	finente	finito	finendo	avendo finito

CONIUGAZIONE ATTIVA DEI PRINCIPALI VERBI IRREGOLARI

ANDARE

Indicativo

	Presente	Passato prossimo	Imperfetto	Trapassato prossimo
io	vado (vo)	sono andato/a	andavo	ero andato/a
tu	vai	sei andato/a	andavi	eri andato/a
egli/lei/lui	va	è andato/a	andava	era andato/a
noi	andiamo	siamo andati/e	andavamo	eravamo andati/e
voi	andate	siete andati/e	andavate	eravate andati/e
essi/esse/loro	vanno	sono andati/e	andavano	erano andati/e

	Passato remoto	Trapassato remoto	Futuro semplice	Futuro anteriore
io	andai	fui andato/a	andrò	sarò andato/a
tu	andasti	fosti andato/a	andrai	sarai andato/a
egli/lei/lui	andò	fu andato/a	andrà	sarà andato/a
noi	andammo	fummo andati/e	andremo	saremo andati/e
voi	andaste	foste andati/e	andrete	sarete andati/e
essi/esse/loro	andarono	furono andati/e	andranno	saranno andati/e

Congiuntivo

	Presente	Passato	Imperfetto	Trapassato
che io	vada	sia andato/a	andassi	fossi andato/a
che tu	vada	sia andato/a	andassi	fossi andato/a
che egli/lei/lui	vada	sia andato/a	andasse	fosse andato/a
che noi	andiamo	siamo andati/e	andassimo	fossimo andati/e
che voi	andiate	siate andati/e	andaste	foste andati/e
che essi/esse/loro	vadano	siano andati/e	andassero	fossero andati/e

Condizionale / Imperativo

	Presente	Passato		Presente
io	andrei	sarei andato/a		–
tu	andresti	saresti andato/a		va/va'/vai
egli/lei/lui	andrebbe	sarebbe andato/a		vada
noi	andremmo	saremmo andati/e		andiamo
voi	andreste	sareste andati/e		andate
essi/esse/loro	andrebbero	sarebbero andati/e		vadano

Infinito / Participio / Gerundio

Infinito		Participio		Gerundio	
Presente	Passato	Presente	Passato	Presente	Passato
andare	essere andato	andante	andato	andando	essendo andato

DARE

Indicativo

	Presente	Passato prossimo	Imperfetto	Trapassato prossimo
io	do	ho dato	davo	avevo dato
tu	dai	hai dato	davi	avevi dato
egli/lei/lui	dà	ha dato	dava	aveva dato
noi	diamo	abbiamo dato	davamo	avevamo dato
voi	date	avete dato	davate	avevate dato
essi/esse/loro	danno	hanno dato	davano	avevano dato

	Passato remoto	Trapassato remoto	Futuro semplice	Futuro anteriore
io	diedi/detti	ebbi dato	darò	avrò dato
tu	desti	avesti dato	darai	avrai dato
egli/lei/lui	diede/dette	ebbe dato	darà	avrà dato
noi	demmo	avemmo dato	daremo	avremo dato
voi	deste	aveste dato	darete	avrete dato
essi/esse/loro	diedero/dettero	ebbero dato	daranno	avranno dato

Congiuntivo

	Presente	Passato	Imperfetto	Trapassato
che io	dia	abbia dato	dessi	avessi dato
che tu	dia	abbia dato	dessi	avessi dato
che egli/lei/lui	dia	abbia dato	desse	avesse dato
che noi	diamo	abbiamo dato	dessimo	avessimo dato
che voi	diate	abbiate dato	deste	aveste dato
che essi/esse/loro	diano	abbiano dato	dessero	avessero dato

Condizionale / Imperativo

	Presente	Passato	Presente (Imperativo)
io	darei	avrei dato	–
tu	daresti	avresti dato	da'/da/dai
egli/lei/lui	darebbe	avrebbe dato	dia
noi	daremmo	avremmo dato	diamo
voi	dareste	avreste dato	date
essi/esse/loro	darebbero	avrebbero dato	diano

Infinito / Participio / Gerundio

Infinito Presente	Infinito Passato	Participio Presente	Participio Passato	Gerundio Presente	Gerundio Passato
dare	avere dato	–	dato	dando	avendo dato

DIRE

Indicativo

	Presente	Passato prossimo	Imperfetto	Trapassato prossimo
io	dico	ho detto	dicevo	avevo detto
tu	dici	hai detto	dicevi	avevi detto
egli/lei/lui	dice	ha detto	diceva	aveva detto
noi	diciamo	abbiamo detto	dicevamo	avevamo detto
voi	dite	avete detto	dicevate	avevate detto
essi/esse/loro	dicono	hanno detto	dicevano	avevano detto

	Passato remoto	Trapassato remoto	Futuro semplice	Futuro anteriore
io	dissi	ebbi detto	dirò	avrò detto
tu	dicesti	avesti detto	dirai	avrai detto
egli/lei/lui	disse	ebbe detto	dirà	avrà detto
noi	dicemmo	avemmo detto	diremo	avremo detto
voi	diceste	aveste detto	direte	avrete detto
essi/esse/loro	dissero	ebbero detto	diranno	avranno detto

Congiuntivo

	Presente	Passato	Imperfetto	Trapassato
che io	dica	abbia detto	dicessi	avessi detto
che tu	dica	abbia detto	dicessi	avessi detto
che egli/lei/lui	dica	abbia detto	dicesse	avesse detto
che noi	diciamo	abbiamo detto	dicessimo	avessimo detto
che voi	diciate	abbiate detto	diceste	aveste detto
che essi/esse/loro	dicano	abbiano detto	dicessero	avessero detto

Condizionale | Imperativo

	Presente	Passato	Presente
io	direi	avrei detto	–
tu	diresti	avresti detto	di'/dì
egli/lei/lui	direbbe	avrebbe detto	dica
noi	diremmo	avremmo detto	diciamo
voi	direste	avreste detto	dite
essi/esse/loro	direbbero	avrebbero detto	dicano

Infinito | Participio | Gerundio

Presente	Passato	Presente	Passato	Presente	Passato
dire	avere detto	dicente	detto	dicendo	avendo detto

FARE

Indicativo

	Presente	Passato prossimo	Imperfetto	Trapassato prossimo
io	faccio/fo	ho fatto	facevo	avevo fatto
tu	fai	hai fatto	facevi	avevi fatto
egli/lei/lui	fa	ha fatto	faceva	aveva fatto
noi	facciamo	abbiamo fatto	facevamo	avevamo fatto
voi	fate	avete fatto	facevate	avevate fatto
essi/esse/loro	fanno	hanno fatto	facevano	avevano fatto

	Passato remoto	Trapassato remoto	Futuro semplice	Futuro anteriore
io	feci	ebbi fatto	farò	avrò fatto
tu	facesti	avesti fatto	farai	avrai fatto
egli/lei/lui	fece	ebbe fatto	farà	avrà fatto
noi	facemmo	avemmo fatto	faremo	avremo fatto
voi	faceste	aveste fatto	farete	avrete fatto
essi/esse/loro	fecero	ebbero fatto	faranno	avranno fatto

Congiuntivo

	Presente	Passato	Imperfetto	Trapassato
che io	faccia	abbia fatto	facessi	avessi fatto
che tu	faccia	abbia fatto	facessi	avessi fatto
che egli/lei/lui	faccia	abbia fatto	facesse	avesse fatto
che noi	facciamo	abbiamo fatto	facessimo	avessimo fatto
che voi	facciate	abbiate fatto	faceste	aveste fatto
che essi/esse/loro	facciano	abbiano fatto	facessero	avessero fatto

Condizionale / Imperativo

	Presente	Passato		Presente
io	farei	avrei fatto		–
tu	faresti	avresti fatto		fa'/fa/fai
egli/lei/lui	farebbe	avrebbe fatto		faccia
noi	faremmo	avremmo fatto		facciamo
voi	fareste	avreste fatto		fate
essi/esse/loro	farebbero	avrebbero fatto		facciano

Infinito / Participio / Gerundio

Presente	Passato	Presente	Passato	Presente	Passato
fare	avere fatto	facente	fatto	facendo	avendo fatto

POTERE

	Indicativo			
	Presente	**Passato prossimo**	**Imperfetto**	**Trapassato prossimo**
io	posso	ho potuto	potevo	avevo potuto
tu	puoi	hai potuto	potevi	avevi potuto
egli/lei/lui	può	ha potuto	poteva	aveva potuto
noi	possiamo	abbiamo potuto	potevamo	avevamo potuto
voi	potete	avete potuto	potevate	avevate potuto
essi/esse/loro	possono	hanno potuto	potevano	avevano potuto
	Passato remoto	**Trapassato remoto**	**Futuro semplice**	**Futuro anteriore**
io	potei/potetti	ebbi potuto	potrò	avrò potuto
tu	potesti	avesti potuto	potrai	avrai potuto
egli/lei/lui	poté/potette	ebbe potuto	potrà	avrà potuto
noi	potemmo	avemmo potuto	potremo	avremo potuto
voi	poteste	aveste potuto	potrete	avrete potuto
essi/esse/loro	poterono/potettero	ebbero potuto	potranno	avranno potuto

	Congiuntivo			
	Presente	**Passato**	**Imperfetto**	**Trapassato**
che io	possa	abbia potuto	potessi	avessi potuto
che tu	possa	abbia potuto	potessi	avessi potuto
che egli/lei/lui	possa	abbia potuto	potesse	avesse potuto
che noi	possiamo	abbiamo potuto	potessimo	avessimo potuto
che voi	possiate	abbiate potuto	poteste	aveste potuto
che essi/esse/loro	possano	abbiano potuto	potessero	avessero potuto

	Condizionale		Imperativo
	Presente	**Passato**	**Presente**
io	potrei	avrei potuto	–
tu	potresti	avresti potuto	
egli/lei/lui	potrebbe	avrebbe potuto	
noi	potremmo	avremmo potuto	
voi	potreste	avreste potuto	
essi/esse/loro	potrebbero	avrebbero potuto	

Infinito		Participio		Gerundio	
Presente	**Passato**	**Presente**	**Passato**	**Presente**	**Passato**
potere	avere potuto	potente	potuto	potendo	avendo potuto

- Il verbo potere può anche avere l'ausiliare essere.

VENIRE

Indicativo

	Presente	Passato prossimo	Imperfetto	Trapassato prossimo
io	vengo	sono venuto/a	venivo	ero venuto/a
tu	vieni	sei venuto/a	venivi	eri venuto/a
egli/lei/lui	viene	è venuto/a	veniva	era venuto/a
noi	veniamo	siamo venuti/e	venivamo	eravamo venuti/e
voi	venite	siete venuti/e	venivate	eravate venuti/e
essi/esse/loro	vengono	sono venuti/e	venivano	erano venuti/e

	Passato remoto	Trapassato remoto	Futuro semplice	Futuro anteriore
io	venni	fui venuto/a	verrò	sarò venuto/a
tu	venisti	fosti venuto/a	verrai	sarai venuto/a
egli/lei/lui	venne	fu venuto/a	verrà	sarà venuto/a
noi	venimmo	fummo venuti/e	verremo	saremo venuti/e
voi	veniste	foste venuti/e	verrete	sarete venuti/e
essi/esse/loro	vennero	furono venuti/e	verranno	saranno venuti/e

Congiuntivo

	Presente	Passato	Imperfetto	Trapassato
che io	venga	sia venuto/a	venissi	fossi venuto/a
che tu	venga	sia venuto/a	venissi	fossi venuto/a
che egli/lei/lui	venga	sia venuto/a	venisse	fosse venuto/a
che noi	veniamo	siamo venuti/e	venissimo	fossimo venuti/e
che voi	veniate	siate venuti/e	veniste	foste venuti/e
che essi/esse/loro	vengano	siano venuti/e	venissero	fossero venuti/e

Condizionale / Imperativo

	Presente	Passato		Presente
io	verrei	sarei venuto/a		–
tu	verresti	saresti venuto/a		vieni
egli/lei/lui	verrebbe	sarebbe venuto/a		venga
noi	verremmo	saremmo venuti/e		veniamo
voi	verreste	sareste venuti/e		venite
essi/esse/loro	verrebbero	sarebbero venuti/e		vengano

Infinito / Participio / Gerundio

Infinito		Participio		Gerundio	
Presente	Passato	Presente	Passato	Presente	Passato
venire	essere venuto	veniente	venuto	venendo	essendo venuto

VOLERE

Indicativo

	Presente	Passato prossimo	Imperfetto	Trapassato prossimo
io	voglio	ho voluto	volevo	avevo voluto
tu	vuoi	hai voluto	volevi	avevi voluto
egli/lei/lui	vuole	ha voluto	voleva	aveva voluto
noi	vogliamo	abbiamo voluto	volevamo	avevamo voluto
voi	volete	avete voluto	volevate	avevate voluto
essi/esse/loro	vogliono	hanno voluto	volevano	avevano voluto

	Passato remoto	Trapassato remoto	Futuro semplice	Futuro anteriore
io	volli	ebbi voluto	vorrò	avrò voluto
tu	volesti	avesti voluto	vorrai	avrai voluto
egli/lei/lui	volle	ebbe voluto	vorrà	avrà voluto
noi	volemmo	avemmo voluto	vorremo	avremo voluto
voi	voleste	aveste voluto	vorrete	avrete voluto
essi/esse/loro	vollero	ebbero voluto	vorranno	avranno voluto

Congiuntivo

	Presente	Passato	Imperfetto	Trapassato
che io	voglia	abbia voluto	volessi	avessi voluto
che tu	voglia	abbia voluto	volessi	avessi voluto
che egli/lei/lui	voglia	abbia voluto	volesse	avesse voluto
che noi	vogliamo	abbiamo voluto	volessimo	avessimo voluto
che voi	vogliate	abbiate voluto	voleste	aveste voluto
che essi/esse/loro	vogliano	abbiano voluto	volessero	avessero voluto

Condizionale / Imperativo

	Presente	Passato		Imperativo Presente
io	vorrei	avrei voluto		–
tu	vorresti	avresti voluto		vogli
egli/lei/lui	vorrebbe	avrebbe voluto		voglia
noi	vorremmo	avremmo voluto		vogliamo
voi	vorreste	avreste voluto		vogliate
essi/esse/loro	vorrebbero	avrebbero voluto		vogliano

Infinito / Participio / Gerundio

Infinito		Participio		Gerundio	
Presente	Passato	Presente	Passato	Presente	Passato
volere	avere voluto	volente	voluto	volendo	avendo voluto

- Il verbo volere può anche avere l'ausiliare essere.

TEST DI VERIFICA FINALE

COMPETENZE LINGUISTICHE DI LIVELLO A2

Come è fatto il test

✓ Il test misura le competenze linguistiche di livello A2. È strutturato secondo il modello previsto dal Ministero dell'Interno per la verifica della conoscenza della lingua italiana da parte di cittadini stranieri che vogliono ottenere il permesso di soggiorno Ce, di lungo periodo.
Si compone delle seguenti parti:

✓ una prova di ascolto, o comprensione orale, suddivisa in due parti (A e B), che consiste nell'ascolto di due distinti testi e nella risposta ad alcuni quesiti relativi a ciascuno di essi;

✓ una prova di lettura, o comprensione scritta, suddivisa in due parti (A e B), che consiste nella lettura di due distinti testi e nella risposta ad alcuni quesiti relativi a ciascuno di essi;

✓ una prova di scrittura, o interazione scritta, che consiste nella scrittura di un messaggio di risposta a una mail ricevuta.

Chi può utilizzare il test

✓ Il test può essere utilizzato come verifica delle proprie competenze linguistiche. Per chi vuole sostenere il test per il permesso Ce, servirà come verifica orientativa ed esercitazione.

Come si esegue il test

✓ Per quanto riguarda la prova di lettura e quella di scrittura, esse possono essere eseguite in totale autonomia, seguendo le istruzioni date.
Per la prova di ascolto è necessario che un parlante italiano legga i testi di ascolto trascritti alla pagina 151. Se si è acquistata l'edizione con il CD allegato, questi testi sono registrati alle tracce 51 e 52.

Come si calcola il punteggio

PROVA DI ASCOLTO

✓ Per ciascuna risposta corretta data a un item della parte A si danno 3 punti. Per ciascuna risposta corretta data a un item della parte B si danno 1,5 punti.
Il punteggio massimo totale è di 30 punti.

PROVA DI LETTURA

✓ Per ciascuna risposta corretta data a un item della parte A si danno 3,5 punti. Per ciascuna risposta corretta data a un item della parte B si danno 1,75 punti.
Il punteggio massimo totale è di 35 punti.

PROVA DI SCRITTURA

✓ Alla prova di scrittura possono essere assegnati:
- da 29 a 35 punti se svolta in modo completo e corretto;
- da 18 a 28 punti se svolta in modo completo, ma con molti errori che rendono il messaggio poco comprensibile;
- da 8 a 17 punti se svolta in modo incompleto;
- 0 punti se non è svolta o ha così tanti errori da non essere valutabile.
Il punteggio massimo è di 35 punti.

Mentre il calcolo del punteggio delle prove di ascolto e di scrittura può essere fatto direttamente dallo studente, sulla base delle soluzioni date a p. 159, per l'assegnazione del punteggio alla prova di scrittura è necessario l'intervento di un parlante italiano, in grado di valutare applicando i criteri prima descritti.

Punteggio globale

✓ Per superare il test si devono ottenere almeno 80 punti su un totale complessivo di 100.

PROVA DI ASCOLTO - Testi

Ciascun testo deve essere letto, due volte di seguito, da un parlante italiano, a velocità medio-lenta, mentre l'apprendente ascolta. (Se l'apprendente è in possesso del CD, può ascoltare da questo i testi registrati.) Finito l'ascolto del primo testo, ci sono 8 minuti di tempo per rispondere ai quesiti relativi ad esso. Passati gli 8 minuti, si va avanti con l'ascolto del secondo testo.

Testo A

1 - Vorrei un biglietto per l'intercity delle 10,40 per Padova. Quanto costa?
- Costa 35 euro.

2 - Scusi, devo mandare un pacco postale in Senegal. Dove devo andare?
- Allo sportello raccomandate.
- Sì, ho capito, grazie.

3 - Buongiorno, vorrei qualcosa per il mal di testa.
- Va bene l'aspirina o preferisce qualcos'altro?
- Va bene l'aspirina, grazie.

4 - Si tolga la camicia e mi dica esattamente dove sente dolore.
- Mi fa male qui, fra lo stomaco e la pancia.
- Ho capito, adesso faccia un bel respiro.

5 - Buonasera, è pronta la mia automobile?
- No, signora Rossi.
- Ma come faccio? A me l'automobile serve per andare al lavoro.
- Mi dispiace, ma ho dovuto ordinare un pezzo di ricambio e non è ancora arrivato.

Testo B

1 Si avverte la gentile clientela che abbiamo trovato una borsa rossa vicino al reparto frutta e verdura. Il proprietario può ritirarla alla cassa numero 1, vicino all'uscita.

2 Si avvertono i signori viaggiatori che domani, 18 novembre, a causa di uno sciopero dei macchinisti alcuni treni potrebbero essere soppressi.

3 Yong, sono Joo, scusa, ma non posso richiamarti più tardi. Ti lascio le informazioni che volevi. Per andare all'Ospedale Maggiore, prendi l'autobus numero 3 e vai fino a Piazza Adua; da Piazza Adua raggiungi Via Quarrata. Lì c'è la fermata del 14 che ti porta all'Ospedale Maggiore.

4 Ciao Céline, sono Clori, ti ho chiamato per dirti che domani pomeriggio io non posso venire al cinema con te perché viene un amico a cena e devo preparare. Comunque, se senti questo messaggio, chiamami.

5 Da lunedì 20 maggio, oltre alla convenienza di sempre, sconti eccezionali in tutti i supermercati MF! Più di venti prodotti sottocosto! E dal 1 giugno al 30 agosto siamo aperti anche la domenica, fino alle 21:00.

PROVA DI ASCOLTO - Quesiti Testo A

Hai ascoltato cinque brevi dialoghi fra due persone. Devi dire il luogo in cui si svolge ciascun dialogo. Scegli la risposta giusta fra quelle che ti diamo. Segna con una X. Hai 8 muniti di tempo per rispondere.

1 Dove si svolge il dialogo numero 1?
a) Alla stazione degli autobus.
b) Alla stazione ferroviaria.
c) Alla stazione della metropolitana.

2 Dove si svolge il dialogo numero 2?
a) In un ufficio comunale.
b) In un ufficio della questura.
c) In un ufficio postale.

3 Dove si svolge il dialogo numero 3?
a) All'ospedale.
b) Da un dentista.
c) In farmacia.

4 Dove si svolge il dialogo numero 4?
a) In palestra.
b) In un ambulatorio medico.
c) In piscina.

5 Dove si svolge il dialogo numero 5?
a) Da un meccanico.
b) Da un rivenditore di automobili.
c) In un garage dove lavora la signora Rossi.

PROVA DI ASCOLTO - Quesiti Testo B

Hai ascoltato cinque messaggi. Dì se le due affermazioni su ciascuno di essi sono Vere (V) o False (F). Scegli V o F e segnala con una X. Hai 8 minuti di tempo.

1 a) Hanno trovato una borsa rossa. V F
   b) Hanno trovato una borsa in un negozio di frutta e verdura. V F
2 a) Il 18 novembre ci sarà uno sciopero generale. V F
   b) Il 18 novembre alcuni treni forse non ci saranno. V F
3 a) Joo dà a Yong alcune informazioni sull'Ospedale Maggiore. V F
   b) In Piazza Adua c'è la fermata dell'autobus 14. V F
4 a) Clori domani non può andare al cinema con Céline. V F
   b) Clori domani deve preparare la cena per un amico. V F
5 a) Ai supermercati MF ci sono sempre tanti prodotti sottocosto. V F
   b) I supermercati MF dal 1 giugno sono aperti anche la domenica. V F

PROVA DI LETTURA - Parte A

Leggi il testo di questa lettera e dopo rispondi alle domande. Scegli la risposta giusta tra quelle che ti diamo. Segna con una X.

Firenze, 20 agosto 2012
Cara Fati,
come stai? Come ti trovi a Dakar, dopo tanti anni passati a Firenze? Hassad che lingua parla adesso? Come comunica con i nonni e tutti gli zii della tua grande famiglia? Sta imparando un po' di senegalese?
Io sto bene e anche i bambini. Carlo chiede sempre quando tornate, perché sente molto la mancanza del suo amico Hassad.
Qui è un'estate caldissima, in alcuni giorni la temperatura è stata quasi di 40° e non piove da più di tre mesi. La siccità comincia a preoccupare seriamente.
Durante il giorno fa troppo caldo per uscire e così vado con i bambini al parco la sera, verso le sette. Rientriamo a casa verso le nove e ceniamo tardi, verso le nove e mezzo. Per fortuna non devo cucinare. Mio marito è a lavorare all'estero e io e i bambini mangiamo sempre qualcosa di freddo. A Luca e a Carlo piacciono molto i pomodori e spesso preparo delle insalate con pomodori e tonno, oppure con pomodori e mozzarella.
Scrivi presto e raccontami quello che fai. Ti abbraccio
Daniela

1 Chi è Hassad?

a) Il nipote di Fati.   b) Il fratello di Carlo.   c) Il figlio di Fati.

2 Fati...

a) ...viveva a Firenze, ma è andata per sempre a vivere a Dakar.   b) ...viveva a Firenze, è andata a Dakar, ma tornerà a Firenze.   c) ...vive a Dakar da tanti anni, ma presto andrà a vivere a Firenze.

3 Quanti figli ha Daniela?

a) Uno.   b) Più di uno.   c) Non si può sapere.

4 Di che cosa parla Daniela nella sua lettera?

a) Del tempo e delle sue giornate.   b) Del tempo e del suo lavoro.   c) Del caldo e dei suoi problemi di salute.

5 Dove è il marito di Daniela?

a) In viaggio all'estero.   b) All'estero per lavoro.   c) Daniela non ha un marito.

PROVA DI LETTURA - Parte B

Leggi il testo di questo annuncio di offerta di lavoro. Dopo dì se le affermazioni sotto sono Vere (V) o False (F). Scegli V o F e segnala con una X.

Gazzetta di Genova, 3 febbraio 2013

0041

AZIENDA – Doria Mare S.p.A.

Genova, Via di Porta Nuova 132

Ricerchiamo SEGRETARIO/A commerciale da inserire presso i nostri cantieri navali di Sestri Levante. La persona che sarà scelta dovrà occuparsi dei clienti e organizzare viaggi e incontri di lavoro per i nostri manager.

È richiesto un titolo di studio di scuola secondaria superiore e una buona conoscenza dell'inglese e di almeno un'altra lingua straniera. Si richiede inoltre una buona attitudine comunicativa e disponibilità a frequenti spostamenti.

La persona scelta sarà assunta dall'azienda a partire dal 1 maggio 2013, con contratto a tempo determinato.

Alla persona scelta, prima della firma del contratto, verranno date tutte le informazioni dettagliate sull'orario, lo stipendio mensile, le ferie e i regolamenti interni.

Inviare il proprio Curriculum alla sede centrale di Genova, via fax o posta elettronica.

fax: 010 2222222

e-mail: risorseumane@DM.it

1 Il lavoratore che cerca l'azienda Doria Mare può essere uomo o donna.	V	F
2 L'azienda cerca un manager.	V	F
3 La persona scelta lavorerà con i clienti.	V	F
4 La persona scelta non lavorerà a Genova.	V	F
5 L'azienda vuole una persona che conosce bene tre lingue straniere.	V	F
6 L'azienda vuole una persona disponibile a viaggiare spesso.	V	F
7 La persona scelta avrà un contratto a tempo indeterminato.	V	F
8 L'annuncio non dà informazioni sullo stipendio.	V	F
9 L'annuncio dà informazioni sull'orario di lavoro.	V	F
10 Per partecipare alla selezione bisogna telefonare.	V	F

PROVA DI SCRITTURA

Leggi il messaggio di posta elettronica che Pietro ha inviato a Ugo e scrivi la risposta di Ugo. Dai tutte le informazioni che Pietro chiede.

Da:
A: ugo@blabla.it
Cc:

Oggetto: un piacere

Ciao Ugo,

mi sono ricordato che Moar e Yacouba ci hanno invitati la settimana prossima alla festa africana. Ma mi dici, per piacere, qual è il giorno?

Hanno detto che dobbiamo portare qualcosa da mangiare o da bere.
Tu cosa porti? Io non conosco i loro gusti e non so cosa portare.
Mi dai un consiglio?

La mia macchina ha un guasto e devo portarla dal meccanico.
Mi potresti dare un passaggio per andare alla festa?

Grazie di tutto, a presto

Pietro

Da:
A:
Cc:

Oggetto:

CHIAVI DEGLI ESERCIZI

Unità 1

1 - COMPLETA
Mariasol; Fernandez; 47 anni; italiana

2 - COMPLETA
Verona, via Colombo; F; due; cuoca

3 - COMPLETA
1 - marocchino/a; 2 - indiani/e; 3 - brasiliana; 4 - kosovaro/a; 5 - cinese; 6 - argentino; 7 - albanesi

5 - COMPLETA
bambino; azzurri; capelli; padre; sei

6 - COLLEGA
1/c; 2/a; 3/d; 4/b; 5/f; 6/e

7 - COMPLETA
tre; Maria; Riccardo; Elena; Stefania; ha; fratelli; Luca

8 - COMPLETA
1 - suoi; 2 - suo; 3 - mio; 4 - loro; 5 - tuo; 6 - mia; 7 - sua

9 - CAMBIA
i miei libri; i tuoi fratelli; le sue figlie; i nostri zii; i loro insegnanti

10 - TRASFORMA
a - quarantuno/41; b - venticinque/25; c - diciotto/18; d - trentatré/33; e - cinquantotto/58; f - ventitré/23; g - quindici/15; h - dodici/12; i - ottantotto/88; l - novantuno/91; m - quarantotto/48; n - sedici/16

Unità 2

1 - COMPLETA
mi chiamo; muratore; lavoro; cantiere; vengo; sono

2 - COLLEGA
1/c; 2/d; 3/e; 4/a; 5/b; 6/f

3 - ORDINA E RISCRIVI
1 - Faccio le ferie nel mese di agosto. 2 - Lavoro ogni giorno dalle otto alle sedici. 3 - L'autunno è la mia stagione preferita. 4 - In primavera vado a lavorare in bicicletta. 5 - A Milano l'inverno è molto freddo.

4 - SCEGLI
1/b; 2/a; 3/b; 4/a

5 - TRASFORMA
1 - Io non lavoro. 2 - Zara non telefona. 3 - Oggi non piove. 4 - Io non posso neanche riposare. 5 - Zara non vuole neanche telefonare. 6 - Lin Pu non deve neanche parlare. 7 - Tu non hai mai tempo. 8 - Franz non è mai puntuale. 9 - Ahmed non porta mai l'orologio.

6 - CONIUGA
1 - posso; 2 - vuole; 3 - deve; 4 - vogliamo; 5 - puoi; 6 - potete

7 - SCEGLI
1/a; 2/c; 3/b

8 - CONIUGA
cerca; lavora; ha; è; È; è; deve; chiede; posso; posso; è; può; sei

9 - COMPLETA
oggi; busta paga; stipendio; straordinari

10 - VERO O FALSO?
1/F; 2/F; 3/V; 4/F; 5/V

Unità 3

1 - VERO O FALSO?
1/F; 2/V; 3/F; 4/F; 5/V; 6/F; 7/V

2 - COMPLETA
1/la; 2/l'; 3/i; 4/l'; 5/le

3 - COMPLETA
IL: ticket, dottore, lettino, sangue. LO: psicologo, sportello, stomaco, studio. LA: ricetta, malattia, medicina, radiografia. L': ambulatorio, infermiera, ospedale, ostetrica.

4 - COMPLETA
1 - testa; 2 - gola; 3 - denti; 4 - schiena; 5 - stomaco; 6 - pancia; 7 - orecchi; 8 - pancia; 9 - testa; 10 - gola

5 - COMPLETA
dal; avuto; scorsa; farmacia; cura

6 - RISPONDI
1 - È caduto dalla scala. 2 - Perché la sua caviglia è fratturata. 3 - Per venti giorni.

Unità 4

1 - SCEGLI
È l'annuncio C.

2 - VERO O FALSO?
1/V; 2/F; 3/F

3 - COMPLETA
1 - direi; 2 - dovremmo; 3 - vorrei; 4 - avrei; 5 - vorrebbero; 6 - vorremmo

4 - CONIUGA
1 - potrebbe; 2 - sapresti; 3 - dovrei; 4 - compreresti; 5 - avremmo; 6 - andrei; 7 - verreste; 8 - faresti

5 - VERO O FALSO?
1/F; 2/F; 3/V; 4/V; 5/V

6 - COLLEGA
1/b; 2/e; 3/d; 4/a; 5/f; 6/c

7 - COMPLETA
1 - idraulico; 2 - elettricista; 3 - scaldabagno; 4 - poltrone; 5 - verde; 6 - contatore

8 - COMPLETA
un; un; un; una; un; una; un; una; un; un

9 - SOSTITUISCI
1 - una; 2 - un; 3 - uno; 4 - un; 5 - un'; 6 - un

Unità 5

1 - SCEGLI
1/b; 2/a

2 - ORDINA E RISCRIVI
1 - Scusi dov'è Via Roma? 2 - Posso andare con la macchina in Piazza Umberto? 3 - Si può raggiungere la stazione da Corso Garibaldi? 4 - Mi sa dire dove si trova il cinema Marconi? 5 - Devo andare al Ponte Nuovo, mi può indicare la strada?

3 - COMPLETA
1 - Via Roma, n. 10; 2 - Piazza Venezia, n. 13; 3 - n. 55 di Viale Europa; 4 - in Corso Buenos Aires, n. 122

4 - COMPLETA
1 - aspetto; 2 - arrivato, ritardo; 3 - 24, Piazza; 4 - Garibaldi, 26; 5 - autobus, 10; 6 - biglietto, giornalaio

5 - SCEGLI
1/b; 2/c; 3/c; 4/a

6 - COMPLETA
1 - autobus, biglietto; 2 - posto libero; 3 - campanello

7 - COMPLETA LA DOMANDA
1 - Quando partiranno? 2 - Quale treno prenderai? 3 - Quando arriverai? 4 - John con chi verrà? 5 - Quanto tempo starai con noi? 6 - Dove scenderete? 7 - Nel 2015 quanti anni avrai? 8 - In quale hotel sarà Ingrid?

8 - CONIUGA
1 - prenderà; 2 - partiranno; 3 - arriverete; 4 - avrò; 5 - sarai

9 - COMPLETA
1 - prenderò; 2 - prenderai; 3 - prenderà; 4 - prenderemo; 5 - prenderete; 6 - prenderanno

10 - COLLEGA
1/c; 2/d; 3/e; 4/f; 5/a; 6/b; 7/g; 8/i; 9/ l; 10/n; 11/h; 12/m

11 - COMPLETA
1- 22; 2 -11,20; 3 - 20,15; 4 - 9,30; 5 - 12,55

12 - COLLEGA
1/b; 2/a; 3/c; 4/e; 5/d

13 - ORDINA E RISCRIVI
1 - Si affretti perché il treno sta per partire. 2 - C'è posto in questo scompartimento? 3 - La toilette è in fondo al corridoio. 4 - Tengo questo posto occupato per lei.

14 - COMPLETA
1 - a destra, a sinistra; 2 - dietro; 3 - sotto; 4 - davanti; 5 - fuori; 6 - sopra

15 - VERO O FALSO?
1/F; 2/V; 3/F; 4/F; 5/V

16 - TRASFORMA
1 - Sto per uscire per andare al cinema. 2 - Stiamo per partire per un viaggio. 3 - Ivo e Sara stanno per venire da te. 4 - Amir sta per tornare a casa. 5 - Stai per prendere il treno. 6 - Sto per andare al supermercato.

Unità 6

1 - COMPLETA

una coda; un pacco; lettere raccomandate; il bollo; l'abbonamento; pazienza.

2 - VERO O FALSO?

1/V; 2/V; 3/F; 4/F; 5/F

3 - CONIUGA

porta; accompagna; compera; Passa;prendi; spedisci; vai; paga; chiedi

4 - TRASFORMA

1 - abbiate; 2 - fate; 3 - venite; 4 - dite; 5 - guidate; 6 - date; 7 - bevete; 8 - siate (forti)

5 - RISPONDI

1 - Sì, ti aspetto; 2 - No, non vi capisco; 3 - Sì, ti sento; 4 - No, non l'abbiamo vista; 5 - No, non li vedo; 6 -Sì, le invito; 7 - Sì, l'ho fatto; 8 - Sì, lo ascoltiamo; 9 - No, non la ricordo; 10 - Sì, li abbiamo studiati.

6 - SCEGLI

1/c; 2/a; 3/a; 4/c.

7 - COMPLETA

1 - del; 2 - dell'; 3 - per; 4 - per, nel; 5 - con; 6 - del, fra

8 - SCEGLI

1/b; 2/c

Unità 7

1 - VERO O FALSO?

1/V; 2/V; 3/F; 4/V

2 - COLLEGA

1/f; 2/c; 3/b; 4/e; 5/d; 6/a

3 - CONIUGA

1 - preferite; 2 - capisco; 3 - spedisci, spedisco; 4 - finisce; 5 - finiscono; 6 - preferisce; 7 - capisci; 8 - finiamo.

4 - SOSTITUISCI

2, 2,50; 5, 25; 48, 54; 37, 132.

5 - TRASFORMA

1 - della vernice; 2 - del colore; 3 - della tempera; 4 - dello stucco; 5 - delle viti; 6 - dei chiodini; 7 - dei bulloni; 8 - del solvente

6 - COMPLETA

1 - scatola; 2 - lattina; 3 - vasetto; 4 - scatolina; 5 - bottiglia; 6 - pacco

7 - VERO O FALSO?

1/F; 2/V; 3/F; 4/V

Unità 8

1 - SOTTOLINEA

antipasto; dolce; panino; toast; pizza; caffè; cappuccino; brioche; frutta; dolci; panini imbottiti

2 - COMPLETA

1 - pasti; 2 - piatto, secondo; 3 - casa; 4 - pizza; 5 - bar, brioche; 6 - merenda

3 - COLLEGA

1/b; 2/e; 3/a; 4/c; 5/d

4 - COMPLETA

1 - mai; 2 - Stasera; 3 - fra; 4 - sempre; 5 - fa; 6 - Prima

5 - ORDINA E RISCRIVI

1 - Hai mai mangiato la zuppa di lenticchie? 2 - A colazione bevo sempre una spremuta di arancia. 3 - La cucina italiana mi piace molto. 4 - Raramente andiamo a mangiare al ristorante. 5 - È divertente andare in pizzeria con gli amici.

6 - COMPLETA

etto; salumiere; patate; fruttivendolo; panificio; pasticceria

7 - SOTTOLINEA

mangiavamo; prendeva; tagliava; metteva; aggiungeva; si cuoceva; preparava; era; metteva; copriva; serviva; era

8 - COLLEGA

1/c; 2/a; 3/d; 4/b; 5/f; 6/h; 7/e; 8/g

9 - TRASFORMA

1 - cento; 2 - duecento; 3 - trecentocinquanta; 4 - cinquecento; 5 - cinquanta; 6 - cento; 7 - seicento; 8 - ottocento

10 - COMPLETA

1 - pago; 2 - fa; 3 - ordini; 4 - prendiamo; 5 - è

Unità 9

1 - COMPLETA

fratelli; compiti; cartoni animati; documentario; d'accordo; puniti

2 - COMPLETA

siano; squadre; abbiano; stadi; scommettono; sia

3 - CONIUGA

1 - fosse; 2 - fosse; 3 - aveste; 4 - avesse; 5 - avessi; 6 - foste

4 - SOSTITUISCI

1 - mi; 2 - Ti; 3 - gli; 4 - Le; 5 - ci; 6 - loro; 7 - Mi

5 - COLLEGA

1/ f; 2/c; 3/g; 4/e; 5/d; 6/b; 7/a

6 - SOSTITUISCI

1 - Ti; 2 - Gli; 3 - Le; 4 - Mi; 5 - Ti; 6 - Mi; 7 - gli

7 - COMPLETA

computer; potente; ufficio; posta; stampante

8 - COMPLETA

Le; Gliela; mi; Le; me lo; la; Mi

Unità 10

1 - CONIUGA

1 - Mi sveglio, ti svegli, si sveglia, ci svegliamo, vi svegliate, si svegliano. 2 - Mi lavo, ti lavi, si lava, ci laviamo, vi lavate, si lavano. 3 - Mi vesto, ti vesti, si veste, ci vestiamo, vi vestite, si vestono.

2 - TRASFORMA

1 - si vogliono divertire. 2 - non si deve arrabbiare. 3 - Ti devi riposare! 4 - Vi potete fermare? 5 - Non mi vorrei stancare. 6 - Ci possiamo fermare.

3 - SCEGLI

1/a; 2/b, 3/b

4 - CONIUGA

1 - mi dedico; 2 - si occupa; 3 - si divertono; 4 - impiega

5 - SOSTITUISCI

1 - bellissimo, il più bello; 2 - buonissima, la più buona; 3 - comodissime, le più comode; 4 - elegantissimo, il più elegante; 5 - gentilissima, il più gentile / la più gentile

6 - TRASFORMA

1 - Voi siete stati meno fortunati di noi. 2 - Tu sei meno alto di me. 3 - Io sono meno vecchio di Omar. 4 - Joan sarà meno felice di Sika. 5 - Tatiana era meno gentile di Lidija. 6 - Tu sei meno elegante di tua sorella.

7 - RISPONDI

1 - È andata in Calabria. 2 - Si trovava a due passi dal mare. 3 - Leggeva giornali e libri. 4 - Faceva il bagno a mezzogiorno. 5 - Tornava in spiaggia verso le quattro.

8 - SOSTITUISCI

1 - ottimi; 2 - maggiore; 3 - minore; 4 - pessimo; 5 - migliore; 6 - peggiore; 7 - minimo

9 - SOSTITUISCI

1 - più vicino, molto vicino; 2 - più lontano, molto lontano; 3 - più lentamente, molto lentamente; 4 - più dolcemente, molto dolcemente; 5 - più diligentemente, molto diligentemente; 6 - più coraggiosamente, molto coraggiosamente

Test di verifica

ASCOLTO - PARTE A

1/b; 2/c; 3/c; 4/b; 5/a

ASCOLTO - PARTE B

1a/V; 1b/F; 2a/F; 2b/V; 3a/F; 3b/F; 4a/V; 4b/V; 5a/F; 5b/V

LETTURA - PARTE A

1/c; 2/b; 3/b; 4/a; 5/b

LETTURA - PARTE B

1/V; 2/F; 3/V; 4/V; 5/F; 6/V; 7/F; 8/V; 9/F; 10/F